M. ARDOUIN 1972

EUGÈNE
DE NERVAL.
IV.

EUGÈNE DE NERVAL,

OU

LE TUTEUR INFIDÈLE;

PAR Mme GUÉNARD DE MÉRÉ.

TOME QUATRIEME.

PARIS,

LEROUGE, LIBRAIRE,

COUR DU COMMERCE, FAUBOURG SAINT-GERMAIN.

1815.

EUGÈNE DE NERVAL.

CHAPITRE PREMIER.

Quelques lecteurs trouveront peut-être, comme me le disait autrefois St.-Firmin, que mon amour en perspective, avec ma belle veuve, était assez extraordinaire à mon âge ; et plusieurs croiront que je me consolais avec quelques beautés italiennes des tourmens que la sévère vertu de madame de Thémines me causait : ils se tromperaient. Je cherchais dans les arts un moyen de vaincre l'ennui qui me dévorait. Autant j'avais été paresseux dans ma jeunesse, autant l'étude m'était devenue chère. Je passais une partie des jours à remarquer avec Théophile, les beautés que renfermait alors l'Italie, et rentré chez moi, je m'occupais à rédiger mon journal en français, que je traduisais ensuite en italien, pour l'envoyer à Amélie, à qui j'écrivais dans cette langue, comme plus faite pour les amours. Mais tout cela était devenu une habitude, plutôt qu'un besoin de mon cœur. Je croyais toujours aimer madame de Thémines avec la même ardeur, parce que je lui adressais les expressions brûlantes dont le Tasse s'est servi pour peindre l'amour, et cependant il est certain qu'elle régnait avec beaucoup moins d'empire sur mon âme. Une inquiétude vague, un chagrin dont je ne me permettais pas d'approfondir la cause, mettait en quelque sorte un voile entre Amélie et moi. Je la regardais bien toujours comme la femme la plus parfaite que j'eusse rencontrée, et cependant je me disais : en quoi le dessein de St.-Firmin nuit-il à mon bonheur, lorsque j'ai fui Lesbie, ou plutôt lorsqu'elle m'a été si indifférente ; que je n'ai pas cherché à m'assurer si les années avaient ajouté à ses charmes ou les avaient ternis? Pourquoi, dis-je, éprouvai-je une sorte de jalousie, en pensant que St.-Firmin sera son époux ? Et pourquoi, puisque je ne voulais point l'être, sais-je un gré infini à ma cousine de rejeter ses vœux ? Ah ! St.-Firmin a bien raison, évitons avec soin de la revoir, avant que des nœuds indissolubles m'attachent à mon amie. Je suis à elle par le droit de conquête ; n'est-ce pas elle qui m'a appris à sentir la valeur du temps, à trouver dans les arts, dans l'étude, des jouissances toujours nouvelles ! Quels tendres soins elle a eus de moi dans l'état de langueur où m'avait réduit ma blessure ! Oh ! je serais le plus ingrat des hommes, si je pouvais trahir les sermens qui m'attachent à elle. Lorsque Lesbie aura épousé St.-Firmin, lorsque l'hymen m'aura uni à la baronne, je reverrai ma cousine sans danger. Elle sera pour moi une sœur chérie, la conformité de nos âges amènera celle de nos goûts : car Lesbie, je m'en souviens, est née le même jour que moi. Combien de fois ma tendre mère ne m'a-t-elle pas dit : Eugène, tu dois aimer ta cousine ; elle doit t'être chère, comme étant la fille du frère de ton père, et encore parce que vous avez sucé le même lait ; car nous prenions indifféremment, ma belle-sœur et moi, celui de vous deux qui demandait à téter. Souvent lorsque Lesbie était à mon sein, ta tante te prenait dans ses bras pour te donner son lait : un jour, un jour, ajoutait ma mère, se réaliseront les projets si souvent formés entre ta tante et moi... Et cependant j'ai cherché tous les moyens de m'éloigner d'elle.

Avec quelle facilité j'ai cru tout ce que M. Brisard m'a dit, pour me rendre odieux le frère de mon père ! sa physionomie néanmoins dément les imputations de mon tuteur. La vertu la plus pure brille dans ses traits ; avec quelle tendresse il m'a parlé de ses enfans, de Lesbie, de Patrice ! Ils ont passé les mers pour se réunir à moi, et je n'ai pas daigné les voir. Comme je réparerai mes torts envers eux, lors de mon retour en France ! Patrice sera mon frère, mon ami. J'ai besoin de trouver un cœur pur, où le mien puisse s'épancher. St.-Firmin a une manière de penser trop éloignée de la mienne.

Je crains quelquefois qu'il ne rende pas Lesbie heureuse. Je me trouverais bien embarrassé, si elle attendait mon retour pour me consulter sur le caractère de St.-Firmin. Si c'était là la raison qui l'a engagée à ne vouloir point donner sa parole à St.-Firmin, qu'elle ne m'ait vu ! Il n'y a point de doute, c'est pour savoir de moi si je crois qu'il fera son bonheur. Que lui dirai-je? Ne sais-je pas que St.-Firmin est joueur, inconstant, peu délicat en amour, qu'il n'a point d'ordre dans sa dépense qu'il règle, non sur ses revenus, mais sur ses goûts? tout cela assurera-t-il une félicité sans nuage à ma cousine? N'est-il pas certain, au contraire, qu'elle sera malheureuse, et si elle me consulte, dois-je lui dire ce que je pense de St.-Firmin, lorsque j'ai écrit tout le contraire à mon oncle?

CHAPITRE II.

Tels étaient les tourmens que mon imagination me forgeait, sans m'éclairer sur les dispositions de mon cœur.

J'attendais toujours avec impatience les lettres de St.-Firmin. Je voulais y trouver, ou qu'il était l'époux de Lesbie, ou qu'il y renonçait, et je n'y voyais ni l'un ni l'autre. Il m'en parlait toujours avec enthousiasme. Oui, me disait-il, je ne crois pas qu'il existe une femme réunissant plus de moyens de plaire, et qui s'en doute aussi peu. Ah! si elle daignait m'aimer, je crois que je deviendrais un autre homme. Elle est si douce, si modeste, elle a tant d'esprit, de grâces, qu'elle pourrait se passer de la rare beauté que le ciel lui a départie. Elle me parle souvent de toi avec intérêt, comme de l'ami de son enfance. Elle me parle aussi de madame de Thémines. Quand je lui dis qu'elle est moins belle qu'elle, elle sourit. C'est la seule vanité que j'aie remarquée en elle.

« Il me prend quelquefois, (continuait St.-Firmin dans sa lettre,) des mouvemens de jalousie. Je te disais dans une de mes dernières, de ne pas voir Lesbie que tu ne sois uni irrévocablement avec Amélie. Eh bien ! à présent, je te dirais, si je m'en croyais, que si je suis son époux, je te dispense volontiers de lui faire ta cour ; et je crois que ce que nous pourrons faire de mieux, sera de rester chacun dans nos terres. » Ce ton moitié plaisant, moitié sérieux, me faisait toujours penser qu'il fallait que Lesbie fût une femme d'un mérite bien rare, pour que St.-Firmin, si avare de louanges, pour un sexe qu'il méprisait, en donnât de si sincères à ma parente, et que surtout lui, que j'avais tant de fois entendu plaisanter sur les jaloux, ne craignît point de me laisser entrevoir, assez ouvertement, qu'il l'était de moi. Je me surprenais quelquefois occupé de cette pensée. Serait-il possible qu'elle fût plus belle qu'Amélie, et faudra-t-il donc suivant le conseil de St.-Firmin, m'exiler de Paris dans la crainte de la rencontrer? Et comment laisser entrevoir cette crainte à mon amie; ne serait-elle pas offensante pour elle ? Non, je m'allarme trop légèrement, je dois me rendre plus de justice, et ma reconnaissance me tiendrait lieu d'amour, si je pouvais perdre ce sentiment qui m'a rendu si heureux, mais qui, dit-on, n'est pas indispensable au bonheur des époux. Une estime réciproque, une amitié sincère, voilà, à ce que l'on assure, ce qui fait les mariages heureux. Mais est-ce bien moi qui trouverais ma félicité dans un lien sans amour? Ah ! ce serait bien peu connaître mon cœur qui ne saurait rien aimer faiblement ; si je n'adore pas ma compagne, elle me sera odieuse. Eh ! quel serait le sort que je préparerais à Amélie, si elle pouvait penser qu'il me serait possible de cesser de l'aimer? Elle ne voudrait pas courir cette chance, elle se séparerait de moi sans retour ; et je ne savais trop, si ce serait pour moi un malheur, tant la pensée de Lesbie s'emparait de mon âme. Je me gardais bien d'y laisser lire M. de Sangis, qui me croyait toujours épris de madame de Thémines, et calculait combien de temps mon exil durerait encore.

Nous avons, me disait-il un jour, quatre mois, avant de retourner à Verneuil. Prenez patience, car il n'est pas possible d'abréger le temps de l'épreuve. J'ai eu beau certifier votre bonne conduite, votre amour, je n'ai rien obtenu, et comme nous ne saurions que faire de ces trois mois, j'ai pensé que nous ne pourrions mieux les employer, qu'en visitant la Grèce. J'acceptai la proposition avec empressement. Je cherchais à me fuir moi-même, et je croyais en changeant de lieu, faire trève à la cruelle anxiété que j'éprouvais depuis les dernières lettres de St.-Firmin. Nous nous décidâmes à partir. Au moment de faire voile, nous trouvâmes un capitaine lévantin qui partait pour Smyrne. Théophile qui avait toujours eu un grand désir de voir cette superbe ville, m'engagea à m'y rendre avec lui, m'assurant que de-là nous trouverions mille moyens de passer en Grèce; et nous nous embarquâmes pour Smyrne.

La traversée fut heureuse. Me trouvant plus calme que je ne l'avais été depuis long-temps, je me flattais que je trouverais dans cette contrée, sinon le bonheur, au moins le repos, lorsque gagnant l'hôtellerie où Théophile m'avait dit qu'il nous avait arrêté un logement, je remarquai un jeune Grec de la plus jolie figure, et qui semblait me suivre. Je m'arrêtais, il s'arrêtait, je me mettais à marcher, il marchait. Je le regardais avec une extrême attention, et je lui trouvais une physionomie que je croyais connaître. Cependant son habillement m'ôtait toute idée de l'avoir jamais vu. Je n'avais point eu de relation en Grèce, ni avec aucun habitant de ce pays. Enfin j'entrai dans la maison, et le jeune homme y entra. Sans me dire un seul mot, il s'arrêta dans une salle basse, et me fit seulement signe, qu'en montant l'escalier qu'il me montrait, je trouverais mon logement. Je montai, en effet, et je trouvai Théophile qui m'attendait.

———

CHAPITRE III.

Je lui demandai, en entrant, s'il avait rencontré, comme moi, le jeune Grec. Il me dit qu'effectivement en venant du port, il avait remarqué un jeune homme de cette nation, d'une si agréable figure, qu'au premier aspect, il l'avait pris pour une femme ; que c'était lui qui lui avait indiqué cette hôtellerie, où il lui avait dit qu'il demeurait. Il parle très bon italien, et le son de sa voix est d'une douceur infinie. Je veux savoir ce qu'il est, dis-je, à

M. de Sangis. J'irai le voir et il nous sera utile pour nous faire faire des connaissances dans cette ville. Théophile approuva mon idée, et j'allai de suite chez l'hôtesse qui demeurait au même étage que nous. C'était un véritable siècle. J'avais presqu'envie de lui demander si elle n'était pas du temps du siége de Troie; mais comme je ne savais pas si cette plaisanterie lui conviendrait, je me bornai à lui faire les complimens d'usage, en italien, qu'elle entendait, mais parlait fort mal.

Cependant je compris, par les réponses qu'elle me fit sur le jeune Grec, qu'elle ne le connaissait pas; qu'il n'était chez elle que depuis trois jours ; qu'il avait avec lui sa sœur, jeune personne fort jolie, qui ne parlait point, soit par hauteur, soit par timidité. Du reste, il faisait une grande dépense, payait bien ; c'était là ce qui intéressait le plus cette vieille avare. Je demandai le nom du frère et de la sœur ; Stéphani Philos et Julie. Muni de ces faibles renseignemens, je descendis de l'appartement où j'avais vu entrer Stéphani. Je n'y trouvai que sa sœur, que je crus aussi reconnaître. Je lui demandai s'il ne serait pas indiscret d'avoir l'honneur de la voir en l'absence de M. son frère. En aucune manière, me répondit-elle en français, quoique je lui eusse parlé en italien. Mon frère sera fort aise de vous trouver ici ; faites-lui le plaisir de l'attendre. Il est allé commander un fort bon souper, où il compte bien vous inviter, ainsi que votre ami; car rien de si généreux que mon frère. —Il m'a paru bien jeune, lui dis-je. — Il peut avoir de vingt à vingt-un ans. Ah ! c'est un bien joli garçon, de l'esprit comme cent, et puis si vif, si alerte; et elle ne tarissait point sur l'éloge de ce frère. Je trouvais que cette sœur qui, m'avait-on dit, ne parlait pas, était, au contraire, infiniment bavarde ; et ce qui est pis à mon gré, c'est que son bavardage était sans esprit, en termes bas et d'un mauvais français. Si le frère, disais-je en moi-même, n'a pas plus d'esprit que la sœur, ce n'était pas la peine de les prévenir; c'eût été assez bien de les recevoir, quand ils seraient venus me chercher. Elle m'ennuyait à un tel point, que je bâillais à chaque instant.—Monsieur s'ennuie; mais quand mon frère sera ici, il vous divertira; car il est bien autrement aimable que moi. Il n'a pas de peine, lui aurais-je volontiers répondu; et ne trouvant pas moyen d'échapper à l'ennui, qui, comme Julie, avait très-bien dit, m'accablait, j'allais m'endormir, lorsque j'entendis du bruit dans le vestibule. C'était Stéphani qui arrivait avec deux hommes portant des vins de différentes espèces, et des mets dont l'odeur excellente donnait envie d'en manger. Ma sœur, dit-il en entrant, préparez la table ; faites avertir M. de Sangis que l'on va souper. J'ai pensé, mon cher voisin, qu'en arrivant ici vous n'aviez pas encore pris d'arrangemens pour vos repas ; et j'allais vous faire prier de partager le mien et celui de ma sœur. Je suis flatté que vous m'ayez prévenu. Julie avait exécuté les ordres de son frère, dont le son de voix m'avait encore plus frappé que sa physionomie.

Nous étions seuls, quand tout-à-coup le Grec ôte son turban. Une forêt de cheveux du plus beau blond couvre ses épaules. Que devins-je, quand je le vis à mes pieds, et que je ne pus douter que c'était Angélique ! Ciel ! lui dis-je; vous ici, Madame ! Et qu'y cherchez-vous ? Puis, la prenant par la main, je la suppliais de se lever. — Non, dit-elle ; je mourrai à tes pieds, mon cher Eugène, si tu ne me dis pas que tu m'as pardonné. — Relevez-vous, je vous en conjure; que dirait M. de Sangis s'il vous voyait à mes pieds ? — Oh ! qu'il ignore toujours qui je suis, mon cher Eugène ; je crois lire dans tes yeux plus de surprise que de courroux. Qu'un baiser soit le gage de notre réconciliation. Elle me l'avait donné avant que j'eusse réfléchi si je devais le rendre. Elle ajouta : Ce soir, quand ton Argus sera endormi, viens ; je t'expliquerai tout ce qui t'étonne et qui ne te surprendra plus, quand tu sauras à quel point je t'adore et... Elle fut interrompue par l'arrivée de Julie, qui n'était autre que sa femme de chambre. Théophile était avec elle : elle avait eu le temps de remettre son turban, et il ne paraissait pas même sur sa figure la moindre émotion.

CHAPITRE IV.

Eh bien ! signor de Sangis
vous voulez donc bien nous don
ner quelques instans? ma sœu
en est sûrement aussi flattée qu
moi. Théophile répondit ave
autant de reconnaissance, qu'i
avait trouvé la signora Julie char
mante. C'était une petite brun
extrêmement vive, et qui, ins
truite par sa maîtresse du rôl
qu'elle avait à jouer, ne s'en tir
que trop bien pour le repos d
pauvre Théophile. On se mit
table presque aussitôt. Le soupe

était excellent et le vin délicieux. Théophile y mettait un grand prix. Il loua l'ordonnance du repas, le choix des vins, qu'il goûta en véritable gourmet, tant et si bien, que notre artiste, sur la fin du souper, ne savait trop ce qu'il disait. Seulement il trouvait Julie adorable, et le lui répétait d'une manière si plaisante, que, malgré la singularité de la position où je me trouvais, et qui m'embarrassait beaucoup, je ne pouvais m'empêcher de rire. Le faux Grec riait aussi avec d'autant plus de raison qu'il voyait, par cet amour de Théophile pour Julie, se réaliser une partie de ses projets. Nous nous séparâmes enfin. Madame Duvelder saisit l'instant, sans que M. de Sangis s'en aperçût, de me rappeler l'ordre de la venir retrouver dès que Théophile serait endormi, ce qui ne fut pas long, grâce aux différentes sortes de vin qu'il avait bu.

J'avais renvoyé mes gens, sous prétexte que j'avais à écrire. Lorsque je me trouvai seul, je réfléchis sur le danger de la démarche que j'allais faire. Je connaissais le caractère faux et perfide d'Angélique, qui n'avait de son nom que sa charmante figure. Je savais tout le mal qu'elle m'avait fait, et me rappelant Amélie, peut-être Lesbie, je ne concevais pas comment je pouvais me hasarder encore au péril de m'engager avec cette femme ; j'allais prendre le parti de ne point descendre et de quitter Smyrne dès le point du jour, quand je vis entrer Julie. — Venez, Monsieur, venez, si vous ne voulez pas être cause d'un malheur irréparable. Madame, persuadée que vous ne viendrez pas, est décidée à mourir. — Je sais, repris-je, d'un ton fort dégagé, que votre chère maîtresse est toujours prête à se tuer dès qu'on ne fait pas ses volontés. J'ai déjà été pris au piége une fois ; je veux bien l'être encore, descendons.

Je m'attendais à la répétition de la scène de Paris. Mais Angélique, trop habile dans l'art de séduire, pour se servir deux fois du même moyen, me parut, au contraire, fort calme. Elle avait quitté son travestissement. Elle était vêtue d'une robe de cachemire blanc avec une broderie d'or; ses beaux cheveux étaient rattachés sur son front avec une épingle de diamans : elle feuilletait des papiers, dont elle mettait quelques-uns à part; elle avait l'air fort occupé, et me fit signe de m'asseoir. Elle donna le même ordre à Julie, qui se mit à travailler auprès d'une table, dans le fond du salon où nous étions. Je trouvai cette précaution assez bizarre, et je voulais voir à quoi cela aboutirait; je m'assis donc, et attendis en silence la fin de cette aventure.

Au bout de quelques minutes, madame Duvelder, après avoir refermé la cassette d'où elle avait tiré les papiers dont j'ai parlé, les posa sur la table, et parla ainsi :

— Je vous aime, Eugène ; et mon amour me rend d'autant plus malheureuse, que vous me détestez. — Qui peut vous donner cette idée ? — Ma conduite envers vous, envers l'unique objet de vos affections. N'ayant pu, comme je l'espérais, parvenir à vous brouiller, il est tout simple que je vous sois devenue insupportable. — Quelle idée ! - Elle est dans la nature ; vous aimez, vous épousez Amélie ; vous devez me haïr. Cependant je vous crois le cœur sensible; et lorsque je vous offrirai un moyen d'adoucir mon sort, je crois que vous y consentirez. — Parlez, Madame, expliquez-vous, vous me mettez au supplice; et, en effet, mon sang bouillait dans mes veines : elle ne m'avait jamais paru si jolie. Elle faisait six cents lieues pour courir après moi ; elle me donnait un rendez-vous, et faisait rester sa femme de chambre. Je trouvais dans tout cela une inconséquence qui me révoltait. —Vous êtes bien impatient, M. de Nerval; on voit bien que vous n'éprouvez pas comme moi, depuis dix-huit mois, tous les genres de maux, dont le plus cruel est de vous aimer sans espérance. Vous seriez plus calme, plus résigné, si vous aviez souffert de pareilles épreuves. Pour moi j'ai appris à souffrir ; je ne jetterais plus les hauts cris pour une légère écorchure au front ; si je pouvais commander à mon cœur, comme je commande à mes sens, je n'aurais pas couru les dangers auxquels je me suis exposée pour te voir, cher et cruel Eugène. Ne crois pas cependant que ce soit pour toi que j'ai entrepris ce voyage. J'ai cru qu'il était nécessaire que je te visse pour te faire connaître St.-Firmin ; et comme je pense bien que tu pourras ne pas croire ce que j'ai à te dire, ces lettres,

2.

toutes de l'écriture de ce scélérat, te prouveront ce que j'avance.

Elle me raconta mille horreurs sur cet homme qui s'était dit mon ami : l'affaire des quarante-huit mille livres n'était qu'un jeu joué, et elle m'en fit voir tout le détail dans une lettre qu'il lui écrivait, et où il me traitait comme un homme qu'il avait résolu de ruiner, dès que j'aurais atteint ma majorité. Il le répétait de cent manières dans toutes ses lettres. J'avoue que mon amour-propre avait rudement à souffrir, et qu'on ne pouvait pas être détrompé d'une manière plus fâcheuse. Je sus par elle que cet oncle, dont on parlait tant, était un capitaine de grenadiers, n'ayant pour toute fortune que sa retraite et sa part dans une petite terre qui était restée indivise entre lui et St.-Firmin, et sur laquelle ce dernier devait dix fois la valeur, sans compter ce qu'il devait à moi, à Jacob et à sa cousine, ce qui allait à plus de deux cent mille livres. Car je pouvais bien ajouter le surplus des diamans de ma mère que je ne devois plus revoir. J'ai cru, dit madame Duvelder, devoir vous faire connaître un homme qui a juré votre perte, et qui ne vous marie avec sa cousine que pour vous ruiner tous deux. Je plains, ajouta-t elle, mademoiselle de Méodas, d'être unie à un semblable personnage qu la ruinera, la déshonorera et l'abandonnera. Je lisais et relisais les lettres de St.-Firmin, je ne pouvais croire à de telles horreurs; mais enfin, dis-je à sa maîtresse, je suis très-reconnaissant, madame, de l'avis que vous me donnez, et je voudrais vous le témoigner; mais dites-moi ce que vous désirez de moi. — Seulement de me permettre de vous accompagner pendant votre voyage.—Cela ne vous compromettra-t-il pas ?—Personne ne saura que c'est moi, et Amélie n'en éprouvera nul chagrin; c'est quatre mois de bonheur que je vous devrai. Quatre mois quand on n'a pas encore vingt-deux ans, et qu'ils doivent être le terme de toute félicité, sont peu de chose ! — Chère Angélique, lui dis-je, profondément ému de sa douleur, que je vous plains, et que je voudrais bien vous promettre de répondre aux sentimens que vous avez pour moi, mais je ne chercherai point à vous tromper. — Je sais quels sont vos devoirs. Vous voyez que je suis la première à opposer une barrière à ma propre faiblesse : mais laisse-moi, cher Eugène, jouir du charme inapréciable que je trouve près de toi. Sois mon ami, mon frère : en disant cela, elle me tendit une main si jolie, que j'eusse été un barbare, si je ne l'avais pas couverte de baisers. Elle la retira, rougit, et un soupir me fit entendre tout ce qu'elle souffrait. Elle m'inspirait malgré moi un intérêt dont je ne pouvais me défendre. Je voulais savoir comment elle était à Smyrne, et en général ce qu'elle était devenue depuis le moment où le traître St.-Firmin l'avait remise entre les mains de son époux.

Il est trop tard ce soir, dit-elle, la pauvre Julie tombe de sommeil. — Quelle nécessité qu'elle reste? — Quelle nécessité, je vous le demande à vous-même, Eugène, et Amélie.... ! à demain à la même heure, et vous saurez tout ce que j'ai éprouvé de douleur. Elle dit à Julie de m'éclairer, et je la quittai, agité de sentimens divers, et incapable de prendre quelque résolution, tant elle avait bouleversé ma pauvre tête.

CHAPITRE V.

Je me jetai sur mon lit, j'avais besoin d'être seul, d'interroger mon cœur. Tout ce que j'avais vu et entendu depuis trois heures, me paraissait un songe. Quoi, me disais-je, est-ce là cette Angélique, plus folle que celle de Roland, qui joignait à l'étourderie une noirceur de caractère qui se trouve rarement ensemble ! Son ton est modeste, sa prudence extrême. Elle m'aime, je le crois, car aurait-elle fait le voyage de Smyrne, si elle ne m'aimait pas à la folie ? (on voit que j'avais une bonne dose de fatuité), et cependant elle ne me demande rien, n'espère rien. Elle sait que je dois épouser Amélie, elle n'en murmure point. Ah ! si elle m'aime, qu'elle doit être malheureuse ! Non sûrement, je ne lui refuserai point ce qu'elle demande, il y aurait de la barbarie. Quel mal cela ferait-il à Amélie ? Elle l'ignorera toujours. Théophile ne s'en doutera seulement pas. Mais comment résister à faire savoir à St.-Firmin, qu'enfin je sais à quoi m'en tenir sur son compte, que j'ai dans mes mains les preuves les plus claires de sa bassesse ; mais il saura alors qu'Angélique est ici, et pour se venger, il en instruirait madame de Thémines. Cependant toute autre considération doit céder à l'intérêt de Lesbie. Dès ce matin, j'écrirai à mon oncle. Il est odieux de penser que la fille du frère de mon père serait unie à un être aussi vil. Il ignorera par quel moyen j'ai été instruit, et je ménagerai ainsi les intérêts de tout ce qui m'est cher. Cette résolution prise, je m'abandonnai au sommeil, et je ne me réveillai que par le bruit que fit la porte de ma chambre, que Théophile ouvrait.

Eh bien! me dit-il, encore couché? — J'étais fatigué, j'ai trouvé qu'un lit valait mieux qu'un hamac, et j'y aurais dormi long-temps, si vous ne m'aviez pas réveillé. — Je l'ai été par notre aimable voisin qui est venu m'offrir de prendre du chocolat, je suis venu vous avertir, et si vous voulez, nous allons descendre? — Je ne demande pas mieux; et m'étant habillé promptement, nous descendîmes. Stéphani nous reçut avec toutes les grâces possibles.

Voulant donner à madame Duvelder la certitude que je ne la quitterais pas tout le temps que nous serions en Grèce, je lui dis: Il ne me paraît pas juste, signor Stéphani, que vous fassiez autant de dépense pour nous avoir à votre table, ne serait il pas mieux fait de nous réunir pendant notre séjour ici, et que nous n'eussions qu'une même maison? Sûrement, dit Théophile en regardant Julie. — Je ne demande pas mieux, répondit le jeune Grec, si cela convient à ma sœur. — Je n'ai d'autre volonté que celle de mon frère. Voilà qui est convenu, mais, ajoutai je, vous viendrez avec nous, quand nous irons visiter les ruines d'Athènes, de Sparte, et toutes ces villes célèbres, dont les restes offrent à l'imagination de grands souvenirs. Je vous promets, dit Angélique, en m'embrassant avec la cordialité d'un frère, de ne vous quitter, mon cher Eugène, que le plus tard que je le pourrai.

Tout fut bientôt réglé. Je pris un cuisinier, et je chargeai Bastien du soin de faire la dépense. Madame Duvelder m'offrit de me remettre cinquante louis. Je les refusai et lui dis que nous compterions à la fin du voyage. Elle n'insista pas.

La journée se passa à voir les choses remarquables de la ville. Angélique fut très-aimable et me parut entièrement changée à son avantage. Elle était douce, polie, modeste ; je désirais vivement d'être à la fin du jour pour savoir ce qui avait produit une aussi étonnante métamorphose.

Le souper fini, Théophile ne se sépara de Julie, qu'avec une peine extrême, et lorsque nous fûmes remontés dans notre appartement, il me fallut entendre tout ce que l'amour inspirait à M. de Sangis pour sa belle.

Il n'avait rien trouvé, depuis qu'il existait, d'aussi agréable que Julie. Il se croyait aussi heureux qu'Ovide, et courant moins de dangers. Car il ne pensait pas que Stéphani fût d'une naissance aussi illustre que César. Il se flattait que le frère, moins sévère que l'Empereur romain, non seulement ne le bannirait point de sa présence, mais qu'il lui donnerait sa sœur en mariage. Je lui observais qu'il ne connaissait point cette jolie Grecque; que celle qui est très-aimable comme société, pouvait ne pas convenir comme épouse. Il me soutenait, au contraire, qu'il ne pouvait s'y tromper, et que Julie serait certainement la compagne la plus intéressante que l'on pût trouver. Voyez, me disait-il, quelle déférence pour son frère ; quel empressement à faire tout ce qui peut plaire à Stéphani ; elle sera encore plus soumise à son mari. —Ce n'est pas toujours une raison. Enfin, voulant terminer un entretien qui retardait celui que je désirais si vivement avoir avec Angélique, je convins de tout ce qu'il voulut, bien déterminé cependant à ne point lui laisser faire la folie d'épouser cette fille, qui ne pouvait lui convenir sous aucun rapport.

CHAPITRE VI.

Enfin, M. de Sangis, me laissa libre; et dès que tout fut calme autour de nous, je descendis chez madame Duvelder. Je trouvai tout disposé comme la veille, excepté que sa toilette, moins riche, était plus recherchée, plus élégante, et ajoutait davantage au charme de l'enchantement. Elle me fit asseoir sur un sopha, près d'elle; et me regardant avec l'expression du plus tendre amour, je vais donc, dit-elle, trouver un cœur où j'épancherai le mien; qui, malgré mes torts envers lui, plaindra les souffrances que j'ai endurées, et qui m'eussent anéantie, si l'espoir de te rejoindre un jour ne m'avait soutenue.

Vous avez sûrement su par quelle trahison St.-Firmin m'a livrée à madame Duvelder. Il n'est pas homme à s'épargner le plaisir de se vanter d'une noirceur. Je convins qu'il m'avait appris tout ce qui s'était passé jusqu'à l'instant où il sortit de chez M. Duvelder. — Il vous a sûrement dit, reprit-elle, qu'il m'avait remis le billet que je vous avais écrit. Je n'avais pas eu le temps de le serrer, lorsque je me trouvai dans le cabinet de mon mari ; et dans la surprise et la colère où la conduite de votre indigne ami me plongeait, ce fatal billet s'échappa de mes mains. M. Duvelder, qui ne comprenait que trop que le procédé de St.-Firmin était celui d'un amant jaloux, se hâta de ramasser ce billet, qui vous était adressé. A merveille, madame, me dit il, avec un visage enflammé de courroux, un n'était pas assez, il vous en fallait deux ; à vingt ans cela promet ; et c'est apparemment pour vous punir de votre infidélité que M. de St.-Firmin vous rend à moi. Eh bien !

nous verrons si une troisième aventure égayera Paris à mes dépens ; mais, en attendant, j'espère m'arranger de manière à ce qu'elle n'ait pas lieu ; et me faisant signe de sortir de son cabinet, il en sortit lui-même, et me reconduisit dans ma chambre. Je ne lui avais pas ouvert la bouche. Je me jetai dans ma bergère ; je mis ma tête dans mes mains, pour ne pas avoir le désagrément de le voir ; et il me dit, je vais sortir ; je ne serai pas long-temps ; je vous expliquerai mes intentions à mon retour. Je ne lui répondis pas. Il sortit : mais je fus saisie de frayeur, quand je crus entendre qu'il fermait ma porte à double tour. Je me levai aussitôt pour m'en assurer; j'éprouvai un désespoir, que je ne puis exprimer. Mon premier mouvement fut de frapper, à coups redoublés, à cette maudite porte; mais personne ne vint à mon secours. La pensée me vint aussitôt qu'il était allé chercher un ordre pour me faire enfermer.

A tout événement, je m'emparai de mes bijoux, de mes diamans. Vous savez que j'en avais pour une somme considérable. Je pris aussi les lettres de St.-Firmin, ayant dès cet instant le désir de vous désabuser sur son compte. J'attendis ensuite ce qui devait arriver.

Au bout d'une heure, M. Duvelder ouvre ma porte ; et, suivi d'un exempt et de deux recors, on me signifia l'ordre du Roi, qui m'envoyait à St.-Aure pour le reste de mes jours. Loin d'accabler d'injures et mon époux et l'exempt, je pris le parti de paraître soumise à mon sort ; je demandai seulement qu'on fît venir Julie pour me déshabiller. Comme ce sera la dernière fois qu'elle aura une femme de chambre pour la servir, on peut lui donner cette satisfaction, dit M. Duvelder. On laissa entrer Julie, qui, du plus loin qu'elle me vit, se mit à fondre en larmes. Je passai avec elle dans mon cabinet de toilette. Je lui remis mon écrin et les lettres. Je lui dis de vendre à l'instant les diamans à Jacob, et d'en employer le prix à chercher tous les moyens de me rendre la liberté, et de me mettre à même de me venger de St.-Firmin. Elle me le promit. Je rentrai mise très-simplement et avec l'air si contrit, que je vis parfaitement que mon tyran en fut touché. Je lui demandai pardon avec la plus édifiante humilité, en le suppliant de mettre un terme à un sort si rigoureux. — Si vous vous conduisez bien, madame; si on ne fait aucune plainte de vous, il est possible que je me laisse toucher : mais je ne vous cache point que ce ne peut être qu'après une longue épreuve. Je la subirai sans me plaindre, lui dis je, si je puis espérer de recouvrer votre tendresse. Il détourna le visage pour me cacher ses pleurs ; et je vis, avec un sensible plaisir, qu'il s'était fait autant de mal qu'à moi en m'éloignant de lui. Cela me donna le courage nécessaire pour attendre le succès des démarches de Julie. Je me laissai conduire dans cet infernal couvent avec une résignation, qui paraissait si naturelle, que je trompai la supérieure, les religieuses, l'exempt même, et me conciliai l'intérêt et la pitié de tout ce qui était dans le couvent.

J'entendais autour de moi répéter : quel dommage, si jeune, si jolie ! quelle barbarie ! Et quoique l'ordre portât le traitement le plus sévère, la supérieure prit sur elle de l'adoucir le plus qu'il lui fut possible. J'eus une chambre à cheminée ; je mangeai avec la prieure, qui ne pouvait se passer de moi. Elle avait dans sa chambre un mauvais clavecin. Je m'avisai un jour d'y promener mes doigts ; elle fut dans une admiration extrême ; et elle fit tant auprès de mon mari, qu'il m'envoya mon piano. Il me fut d'une grande ressource contre l'ennui, et me servit à marquer ma reconnaissance à la prieure. Elle avait une nièce fort aimable et ayant de très-grandes dispositions. Je lui enseignai à toucher le piano; en un an elle jouait d'une manière étonnante.

———

CHAPITRE VII.

Je n'avais aucune nouvelle de Julie ; et je commençais à suspecter sa fidélité, lorsque la prieure me fit venir, et me dit, que mon oncle ne faisait que d'apprendre que j'étais enfermée par ordre du Roi dans la maison de St.-Aure. Il envoyait un tapissier pour meubler mon appartement, ajoutant dans sa lettre, qu'elle me fit voir, qu'il espérait cependant que je ne resterais pas long-temps dans sa sainte maison ; mais que son intention, si j'en sortais, était que ces meubles restassent à la maison, comme une marque de sa reconnaissance des bons procédés de la prieure envers sa chère nièce. Comme je savais bien que je n'avais point d'oncle qui prît à moi tant d'intérêt, je ne doutai pas qu'il ne fût de l'invention de Julie, et comme un moyen de faire entrer quelqu'un avec qui je pusse concerter ma fuite. J'eus donc l'air pénétré des bontés de mon cher oncle. La prieure n'attendit pas que je lui demandasse de faire entrer les meubles et le tapissier ; elle en donna l'ordre aussitôt. Les meubles étaient du meilleur goût, le tapissier un jeune homme de vingt-quatre à vingt-cinq ans, d'une jolie tournure. D'abord, toutes les religieuses vinrent dans ma chambre pour admirer mon ameublement. Peu à peu elles se retirèrent ; il en resta une pour la forme, qui, ayant pris un livre, s'endormit profondément.

Le prétendu tapissier me fit signe de passer avec lui dans un petit cabinet, à côté de mon alcove. Il me fit voir qu'il y avait déposé une échelle de soie et un habit d'homme complet, et me remit une lettre. Je rentrai aussitôt et bien m'en prit, car la religieuse se réveilla au même moment. J'avais un grand empressement de lire ce que Julie m'écrivait, mais il fallait attendre que les meubles fussent mis en place. L'envoyé de Julie sortit, je rentrai dans la chambre de la prieure qui redoubla de soins, d'attention pour moi. Le dîner fut excellent, et on me donna même une tasse de café, tant on était enchanté du présent que mon oncle avait fait au couvent.

Dès que la nuit m'eut rendue libre, je rallumai ma bougie et rompant le cachet de la lettre de Julie, j'y lis ces mots : —

Lettre de Julie à madame Duvelder.
Le 15 septembre 1787.

Madame,

Je me sers de la main de M. de la Rosière, jeune-homme très-bien né, mais que la fortune n'a pas aussi bien traité que la nature, et qui touché de votre sort, se promet de le faire changer, moyennant que vous lui rembourserez tout ce qu'il aura dépensé, ne voulant du reste rien autre chose que le bonheur de vous être utile. Quoique le moyen de s'introduire dans un couvent comme tapissier, ne soit pas neuf, il espère que vos religieuses ne s'y laisseront pas moins prendre. L'oncle qui donne les meubles quand vous sortirez, est fort bien vu, c'est de l'invention de M. de la Rosière, et je pense que cela fera un grand effet. Ne laissez pas le temps toutefois à vos geôlières, de savoir que vous n'avez pas d'oncle, et servez vous promptement de ce que cet aimable jeune-homme vous porte. Il a examiné tous les dehors de votre prison. Il y a au troisième une fenêtre qui n'est pas grillée, donnant sur la rue, l'échelle est assez longue. Trouvez le moyen de l'attacher à la fenêtre : confiez-vous ensuite à votre étoile, descendez avec courage, nous serons au bas pour vous recevoir ; et tous ces jours-ci à compter d'aujourd'hui, nous viendrons sous cette fenêtre à dix heures du soir jusqu'à minuit, surtout ayez soin de vous habiller en homme. Les habits de femme rendraient votre évasion trop périlleuse. Soyez tranquille du côté de l'intérêt.

J'ai retiré plus de trente-cinq mille livres de vos bijoux, cela nous menera loin. J'ai été bien long-temps sans vous donner signe de vie. C'est que je ne voulais rien hasarder, et sans M. de la Rosière, je n'aurais pu rien entreprendre, tant c'était difficile, mais avec lui nous irons bien, si vous n'avez pas peur. —

Je suis avec respect,

    Votre très-humble, très-obéissante servante.

                      J ULIE.

Je ne vous cache point que cette manière d'obtenir ma liberté, me parut si dangereuse, que je fus au moment d'y renoncer. Descendre d'un troisième étage, en me tenant à un simple cordon de soie, que peut-être j'attacherais mal, était selon moi courir un grand péril. Quelle nécessité, me disais-je, de m'exposer ainsi! mille circonstances ne peuvent-elles pas m'ouvrir les portes de ma prison qui, au demeurant, n'a rien de fort triste; combien n'y ai-je pas de consolations! je suis caressée, choyée par la prieure. Sa nièce est pour moi une compagne aimable. Ah! ne risquons pas ma vie, ou au moins d'être estropiée, arrêtée, au moment où je fuirai, et de perdre alors tous les avantages que mon apparente soumission m'a donnés dans ma prison; restons ici; mais à peine avais-je pris cette résolution, que votre image, Eugène, se présentait à moi. Ne plus vous voir, être sans cesse l'objet de votre haine, ah ! voilà ce qui me parut cent fois plus redoutable que les risques dont ma fuite était environnée, et je me décidai à la tenter, quelle qu'en dût être l'issue.

Il fallait s'assurer où était cette fenêtre et s'il était possible que je m'y rendisse sans être vue, ce dont je fus sûre dans la journée. Elle était dans un corridor à deux étages de moi, et dans le même escalier. On avait une telle confiance en moi, que l'on ne fermait jamais ma chambre, dont seulement j'ôtais la clef. Ainsi je n'avais personne à mettre dans ma confidence, cinquante louis qu'on avait mis dans la poche de l'habit et que j'y trouvai, me devenaient inutiles, si je n'avais pas cru devoir les laisser à la prieure pour en faire tel usage qu'elle voudrait. Je n'ai pas su ce qu'ils sont devenus. J'étais encore tellement effrayée de mon entreprise, que je ne pus me résoudre à la mettre à exécution le soir même.

Je ne fus jamais plus étonnée le lendemain matin, que de voir M. de la Rosière entrer dans ma chambre avec la dépositaire; il avait oublié, disait-il, d'attacher les mains des rideaux et de me remettre une paire de petits flambeaux en or moulu, dont le travail était admirable. Il ne me dit rien et sortit un moment après. Je pensai que cette visite n'était pas sans quelque raison : j'examinai les flambeaux. Je vis qu'ils avaient un double fond, où était une lettre et trois mille livres en billets de caisse. J'en fis sur le-champ un paquet à l'adresse de Cécile. C'était le nom de la nièce de notre prieure. Elle n'était pas riche, cette somme pouvait, au moins, être utile à payer sa dot dans la maison.

La lettre ne contenait que les mêmes choses que celle de la veille. Seulement elle me faisait observer que plus je retardais, plus j'ajoutais aux dangers, que nos intelligences pouvaient être remarquées, qu'on en avertirait dans la maison ; que tout serait manqué, et que pour prix de leur zèle, ils seraient peut-être mis en prison. Je sentis la force de leurs raisons, et je me déterminai pour le soir même.

Dès que toute la maison fut livrée au sommeil, je quittai mes habits et pris ceux que l'on m'avait envoyés et qui m'allaient à merveille. Puis ayant cacheté mes lettres à l'abbesse et à sa nièce, je pris la lanterne sourde que l'on m'avait apportée, et à moitié morte de frayeur, je montai dans le corridor où était cette fenêtre sans grille ; elle était si élevée que l'on ne se doutait pas qu'elle pût servir à entrer ou sortir du couvent. Je déployai assez adroitement l'échelle. Je vis qu'elle tombait jusqu'à terre. Je distinguai Julie et M. de la Rosière, qui me firent des signes pour m'encourager. J'attachai l'échelle au montant de la fenêtre ; puis je montai sur l'appui et me saisis du cordon de soie, que je me persuadais ne pouvoir soutenir le poids de mon corps, ce qui commença à me faire perdre la tête. Je posais les pieds sur les échelons avec une telle crainte, que souvent je les manquais. Alors ma frayeur redoublait. Un tremblement universel s'empara de moi, et je n'étais pas encore descendue à la hauteur du premier, que les forces me manquèrent entièrement, le cordon m'échappa, et je tombai d'environ dix-huit pieds sur le pavé. Heureusement que la tête ne porta point, mais je tombai sur le bras droit qui fut cassé en deux endroits, j'eus la jambe démise du même côté. Cependant comme la frayeur m'avait fait évanouir, je ne sentis presque rien de tous ces accidens.

M. de la Rosière qui est d'une force surprenante, ne s'amusa pas à me plaindre. Il me prit dans ses bras, et me porta ainsi jusqu'à la place St.-Michel, où il fit avancer une voiture, et se fit conduire à la barrière d'Enfer, où la nôtre nous attendait. Le cocher, comme je l'ai su depuis, était ivre ; il ne s'aperçut point de l'état où j'étais. On lui donna six francs et il s'empressa de ramener les chevaux dans Paris, pour rentrer au cabaret. M. de la Rosière et Julie me placèrent dans la voiture, et me soutinrent comme si j'avais été dans mon lit. Je souffrais des douleurs affreuses de mon bras. Il était impossible de s'arrêter. Il fallait quitter la France, d'ailleurs je savais que vous étiez en Italie, c'était vous seul que je voulais joindre. Cependant mes souffrances devinrent intolérables, quand le hasard nous fit rencontrer un berger qui conduisait ses moutons. Nous étions déjà à quarante lieues de Paris, les relais ne nous avaient pas manqué. Je demandai qu'on arrêtât, disant que je ne pouvais plus y résister, je jetais les hauts cris. Ce berger approche, demande ce qui me fait tant souffrir. M. de la Rosière dit que la voiture a versé, que je me suis cassé le bras dans la chute et que nous gagnons la ville la plus prochaine pour le faire remettre. — Si madame voulait avoir confiance en moi, ce serait bientôt fait. J'avais toujours entendu parler du talent des bergers pour cette partie de la chirurgie, j'assurai que j'aimais mieux celui-ci que tout autre. Il nous dit que sa maison était à une portée de fusil, et qu'il allait devant pour nous montrer le chemin.

Nous arrivâmes dans un hameau où il n'y avait que quatre à cinq maisons. Nous trouvâmes la femme du berger qui, instruite par son mari du sujet qui nous amenait, mit des draps blancs dans son lit, et aida Julie et M. de la Rosière à m'y placer. Le berger, sans perdre de temps, me remit la jambe et remédia aux fractures de mon bras avec une adresse qui tenait de la sorcellerie : il me mit en état de continuer mon voyage au bout de dix jours. Je payai si magnifiquement ses soins et ceux de sa femme, qu'ils furent persuadés que j'étais une princesse qui voyageait *incognito*. Car parmi le peuple, c'est le plus ou le moins d'argent que l'on dépense qui fait connaître le rang, et que de gens sont peuple par la même opinion !

J'arrivai enfin aux frontières, ayant encore le bras en écharpe et me ressentant toujours de la secousse que ma chute m'avait causée. Je n'avais pas voulu prendre de repos, que nous ne fussions en sûreté. Mais vous devez en avoir besoin, me dit ici en s'interrompant Angélique, il est tard, demain je vous dirai comment je vous ai retrouvé et comment j'étais ici trois jours avant vous.

Il était en effet fort tard, car son récit n'avait pas été fait de suite ainsi que je l'écris; je l'avais interrompu vingt fois, et elle ne pouvait pas douter de l'intérêt qu'elle m'avait inspiré. Combien j'avais ressenti d'effroi du récit de sa chute! je baisai avec transport ce beau bras qui avait tant souffert. Enfin elle était bien parvenue au but qu'elle se proposait en me racontant cet événement, de me faire entièrement oublier ses torts, pour ne voir en elle qu'une victime d'un amour malheureux.

CHAPITRE VII.

Je demandai le lendemain matin à Théophile, s'il avait écrit à madame de Thémines, et s'il lui rendait compte de la manière dont nous comptions passer notre temps, jusqu'à celui où nous nous rendrions à Verneuil. Je ne crois pas que cela soit nécessaire, reprit M. de Sangis avec une sorte d'embarras, il est inutile de lui parler de nos Grecs, et vous m'obligerez fort de ne lui en rien dire. — C'était bien mon intention. Mais j'aimais mieux que ce fût Théophile qui désirât d'en faire mystère : j'étais plus sûr du secret ; et au fait je n'étais pas fâché qu'Amélie ignorât cette aventure, qui ne pouvait changer mes projets pour notre union, mais qui eût pu lui donner quelqu'inquiétude, si elle avait eu quelque soupçon que le jeune Grec fût une jolie femme, car pour imaginer qu'il était madame Duvelder, c'était impossible ; nous nous promîmes donc le secret et il fut bien gardé.

Je reçus le même jour mes lettres qui m'étaient arrivées à Naples le lendemain de mon départ et que l'on m'avait expédiées à Smyrne, où j'avais dit, en partant, que je passerais un mois.

Il y en avait une de madame de Thémines, toujours infiniment aimable; une de St.-Firmin que je brûlai sans l'ouvrir; et deux de mon tuteur, qui allèrent toutes cachetées trouver celles qu'il m'avait écrites depuis sa dernière adressé à Milan. Mais il y en avait une qui mérita toute mon attention : elle était de mon oncle. Il m'y parlait sûrement de Lesbie : Dieu! s'il allait m'apprendre que sa parole est donnée à St.-Firmin, que je serais coupable de ne lui avoir point encore écrit, pour l'engager à ne rien finir que nous ne nous fussions vus ; car je ne l'avais pas encore fait.

Heureusement sa première

phrase me tira d'inquiétude à ce sujet. C'est inutilement, disait il, que ton ami déploie tout ce que la nature lui a donné de moyens pour plaire ; il ne fait pas le moindre progrès dans le cœur de ma Lesbie ; et je ne puis comprendre comment il a la constance de rester attaché à son char, d'après la manière dont elle le traite ; mon fils n'est guère mieux avec lui. Mais rien ne le rebute ; et toi, où en sont tes projets de mariage avec madame de Thémines ? Ta cousine prétend qu'ils n'auront pas lieu, et nous fait sur cela des contes dont tu ne pourrais t'empêcher de rire.

Il me parlait aussi de l'inquiétude que mon silence causait à

M. Brisard. Elle est telle, me disait-il, qu'il est venu me demander conseil sur un objet qui le tourmente infiniment. Tu lui as envoyé une note pour payer des dettes usuraires, montant à une somme considérable, et pour retirer des mains du juif les diamans de ta mère; le coquin ne nie pas les avoir, mais demande la reconnaissance pour les rendre. Ton tuteur t'écrit pour que tu lui envoies ce papier; et voilà plus d'un an, dit-il, que tu ne lui as pas répondu un seul mot, quoiqu'il t'écrive très-souvent, et que tu ne lui envoies pas ce papier qui lui est nécessaire pour retirer les diamans. Je crois que si j'avais été ton tuteur, je ne t'aurais pas vu avec les revenus que ton père t'a laissés, obligé d'avoir recours à des prêts usuraires et pour d'aussi fortes sommes ; mais enfin, puisque la faute est faite, donne donc le moyen de la réparer ; le pauvre Brisard est tellement affecté de l'oubli où tu le laisses, qu'il en est malade de chagrin. La dernière fois qu'il est venu à Passy, il était d'un changement affreux. Il m'a supplié de t'écrire dans l'espérance que tu me répondras. Il n'y a pas de doute, me dis je, que je lui répondrai. Sa lettre est si aimable pour moi ! Un oncle, un grand parent, savoir que l'on doit cent mille livres à un juif, et n'en faire aucun reproche, c'est un procédé rare ! D'ailleurs ne faut il pas que je lui explique que je n'envoie pas cette reconnaissance tant désirée, parce que je ne l'ai point, et que le fripon de Jacob sait bien me l'avoir volée à l'instant où il venait de me la donner. Ce n'était pas la seule raison qui m'engageât à répondre à M. de Méodas : ne devais-je pas l'instruire de tout ce qu'Angélique m'avait appris de St. Firmin ? Mais comment lui en parler, sans lui dire de qui je tenais ces détails, qui, au surplus, ne me paraissaient plus si nécessaires à lui apprendre, puisque Lesbie ne voulait pas répondre aux vœux de St. Firmin ? Je me contentai donc de prier mon oncle de ne point contraindre ma belle cousine, et d'attendre mon retour, qui ne serait pas très éloigné, pour terminer, ayant à causer avec lui à ce sujet, et ne pouvant confier au papier ce que j'avais à lui dire.

Cette phrase eut l'effet que je désirais; on crut que je cherchais un moyen de rompre avec madame de Thémines pour demander Lesbie; et celle ci en fit un peu plus mauvaise mine à Saint-Firmin. Le ciel m'est témoin que je n'en avais pas moins la pensée, et qu'il me paraissait aussi impossible de reprendre la parole que j'avais donnée à madame de Thémines, que d'oublier ce que je devais à la mémoire de ma mère ; et cependant la pensée de Lesbie prenait chaque jour plus d'empire sur moi. Elle me préservait de la séduction dont Angélique m'environnait. Celle-ci m'avait instruit, dès le lendemain, de quelle manière elle m'avait précédé à Smyrne.

Je vous suivais, me dit-elle, depuis votre entrée dans le royaume de Naples, arrivant presque toujours le soir dans la ville dont vous étiez parti le matin. Enfin, je vous aperçois à Naples. Julie croit que je me trompe ; dans l'incertitude, je ne vous aborde point, et pendant trois jours je vous cherche inutilement. Enfin, me promenant sur le port, et déplorant l'impossibilité où j'étais de vous joindre, je vous vis distinctement sur le pont d'un vaisseau qui levait l'ancre. Je fis tous les signes que je pus pour vous engager à me reconnaître, mais en vain ; votre navire sortait du port et était en pleine mer. Alors, je me livrai au plus cruel désespoir. Je m'arrachais les cheveux ; je me roulais par terre. On fut touché de ma profonde douleur : on m'entoura ; on s'empressa pour en savoir la cause. Julie dit que j'avais vu partir, dans le vaisseau qui venait de quitter le port, le plus cher de mes amis. Il faut le suivre, dit un officier anglais; et si *il signor* le veut, je promets de le rendre à la destination de ce navire, peut être avant qu'il soit lui-même arrivé. Je commande ici un cutter, qui défie tous les navires du port d'être meilleur voilier. D'ailleurs *il signor* ne me paiera que lorsqu'il sera arrivé. Je ne lui demande rien, si le Hollandais est avant nous à sa destination. On s'informa. On sut que le vaisseau faisait route pour Smyrne. Je fis prix avec l'Anglais. Je m'embarquai et arrivai effectivement trois jours avant vous à Smyrne, où enfin j'ai eu le bonheur de vous voir prendre terre. Comme je n'avais pas quitté l'habit d'homme depuis que j'étais partie de Paris, je fis emplette d'un habillement grec ; et, faisant passer

Julie pour ma sœur, je vins ici vous préparer les logemens. Voilà, mon cher Eugène, les prodiges que l'amour a faits pour nous réunir au moins quelques mois, puisqu'il est écrit que ce ne peut être pour toute la vie ; des larmes coulèrent de ses yeux, et tombèrent sur ses joues. Telles, vous dirait un poëte, les gouttes de rosée se trouvent sur les roses ; mais, sans aucune figure, je ne puis exprimer ce que ces larmes me firent éprouver. Je me jetai à ses genoux ; je la suppliai d'écarter un témoin importun. Elle me donna un baiser sur le front, et m'ordonna de me lever, m'assurant qu'elle ne serait jamais à celui qui avait donné sa parole d'en épouser une autre. Plus sa conduite était réservée, plus elle m'enflammait; et, je le répète, la pensée de Lesbie put seule balancer l'impression touchante que les appas d'Angélique faisaient sur moi.

Nous restâmes un mois à Smyrne, où je reçus de M. Brisard un assez gros paquet, que j'ouvris. Il contenait pour quinze mille francs de traites sur cette ville. Ce fut la seule chose que je lus; et je lui en accusai la réception, en lui marquant un sincère intérêt sur sa santé, que M. de Méodas m'avait dit être mauvaise. Nous allâmes à Athènes et dans les différentes villes de la Grèce, où nous ne trouvâmes que des ruines, qui donnaient néanmoins une idée plus réelle de l'ancienne splendeur de ces illustres contrées, que les peuples qui les habitent maintenant ne rappellent les Aristides, les Thémistocles, les Alcibiades. Celui qui a lu l'ingénieux *Voyage du jeune Anacharsis* cherche inutilement ces hommes, dont la politesse, l'érudition et les grâces ont servi de modèle aux siècles qui les ont suivis. Théophile me faisait suivre le fil des grandes révolutions arrivées dans la patrie des arts. Il y portait le même enthousiasme qui l'accompagnait partout, et qui nous enflammait quand il parlait du temple de

Delphes ou des jeux olympiques; ce qui nous excitait à rire, quand il vantait les charmes et l'esprit de Julie. Celle-ci s'en divertissait; et depuis quelque temps, je n'avais pas l'inquiétude qu'elle entraînât M. de Sangis dans un engagement qui ne pouvait lui convenir; car je crus démêler qu'elle aimait ce M. de la Rosière, à qui peut-être elle n'était pas indifférente. Je voulus m'en assurer; et un jour que j'attendais madame Duvelder, et que Julie était seule dans l'appartement de sa maîtresse, je lui dis par quelle raison M. de la Rosière ne vous a t-il pas accompagnée jusqu'ici? — Il ne s'était engagé qu'à mettre Madame en sûreté : une fois qu'elle a eu passé les Alpes, il est retourné en France, où il a sa famille. — Et quel est son état? — Il n'en a point. — Cela me paraît singulier ; il n'est donc point gentilhomme? — Je ne sais pas, Monsieur ; je ne le lui ai pas demandé. Mais je crois qu'il a servi. Il porte l'épée et un chapeau à plumet. Bon, dis-je en moi-même, c'est quelque chevalier d'industrie, excellent pour Julie ; et je ne m'en occupai pas davantage.

CHAPITRE VIII.

Plus le terme de notre séjour en Grèce avançait, plus Angélique me témoignait de tendresse; mais toujours évitant de se trouver seule avec moi, et mettant dans toute sa conduite une telle réserve, que j'étais réellement touché d'un sentiment si désintéressé. Je m'attachais sincèrement à elle; et je ne pus me défendre de lui demander ce qu'elle comptait faire, lorsqu'un devoir rigoureux nous séparerait. — Hélas! vous me demandez ce que je serais bien embarrassée de me répondre à moi-même, si je m'interrogeais; mais je m'en garde bien. Je ne vois rien au-delà du terme fatal, qui fixera à jamais mon sort pour le rendre malheureux sans retour. Vivre pour vous, par vous, mon cher Eugène, est l'unique vœu de mon cœur. Mais je me rends justice. Je ne puis prétendre à rien, pas même à être regrettée de vous; au moins ne perdrai-je aucuns des momens qui me restent : mon parti est pris ; j'irai avec vous jusqu'à Grenoble. Si mon mari me fait arrêter de nouveau, il m'évitera la peine de me choisir une retraite; car mon intention est de me retirer dans un couvent dès que je vous aurai vu pour la dernière fois, et de n'en plus sortir. Ce parti, qui était le seul convenable à la position de madame Duvelder, me désespérait J'aurais voulu concilier les liens que je devais former avec Amélie, et une liaison constante avec Angélique. Je croyais pouvoir assez compter sur la discrétion de celle-ci, pour que madame de Thémines ignorât même qu'elle fût en France. Je ne voulais offenser ni l'amour, ni l'hymen; et je croyais ne rien faire que pour l'amitié. Quoi! me disais je, quel mal y aurait il quand je prendrais sur ma fortune huit à dix mille livres par an, pour assurer à cette pauvre Angélique un sort moins rigoureux que celui auquel elle se dévoue par amour pour moi. Pour ne point blesser son amour-propre, je pourrais ne mettre dans ma confidence que Julie; je la marierai à M. de la Rosière; je lui acheterai, à quelques lieues de Grenoble, une petite terre, dont la jouissance toutefois serait assurée à madame Duvelder durant sa vie. Là, elle serait à l'abri des recherches de son mari, et continuerait à passer pour le frère de Julie. Moi, tantôt sous un prétexte, tantôt sous un autre, je m'échapperais de Verneuil; je viendrais goûter près d'Angélique le bonheur si pur de faire des heureux.

Quand nous partirions pour

Paris avec Amélie, la petite colonie s'y rendrait aussi dans un joli appartement, situé dans un quartier entièrement opposé à celui où je demeure, et ainsi bravant les envieux, ma charmante Angélique n'existant que pour moi, jouirait d'une vie calme et aussi heureuse qu'il est possible pour une femme sensible qui n'a point le bonheur de porter le nom de celui qu'elle aime. Je ne me bornerai pas là. Dans quelques années, quand madame de Thémines aura pris plus de confiance en mon sentiment pour elle, je lui ferai connaître cette infortunée, elle l'aimera, j'en suis sûr, car il faut convenir qu'Angélique est charmante ; alors madame Duvelder viendra vivre dans le sein de l'amitié, et si son mari vit encore, nous lui donnerons quelquefois à souper. Eh ! oui, tout cela s'arrangera ainsi, et sûrement je ne souffrirai pas qu'une des plus jolies femmes de France aille s'ensevelir à vingt-deux ans dans un cloître ; non, dussé-je tout risquer pour qu'elle reste dans la société, je le ferai. Enchanté de moi-même d'avoir enfanté un pareil plan, je ne pus m'empêcher de le laisser entrevoir à Angélique, qui ne voulait point paraître m'entendre. J'avais reçu une lettre de madame de Thémines, qui me disait qu'elle m'attendait dans un mois à Verneuil, que nous y serions quinze jours, et que de-là nous reviendrions à Paris.... où enfin.... il faudrait bien.... elle aurait pu achever la phrase, je l'aurais lue sans éprouver une trop forte impression. Ce jour que j'avais regardé comme le plus fortuné de ma vie, comme ne devant jamais arriver assez tôt, n'était plus pour moi que celui où je vendrais ma liberté par un contrat.

Les femmes saisissent rarement l'instant de se rendre, et c'est cependant de ce seul instant bien mis à profit, que dépend tout notre attachement pour elles. Si madame de Thémines avait consenti à m'épouser, lorsque j'avais repris avec l'existence toute la vivacité de mon amour, il n'est aucun doute que j'eusse regardé en cet instant le don de sa main au-dessus de celui de la plus brillante couronne ; mais sa belle idée de m'envoyer en Italie, comme un écolier avec mon précepteur, m'avait donné tout le temps de sonder mon cœur et je n'y avais plus trouvé ce transport, ce délire, qu'elle m'avait fait éprouver autrefois.

Cependant, fidèle à la foi que je lui avais jurée, je ne m'en disposai pas moins à l'aller joindre, et à prendre quand il lui plairait le titre imposant d'époux, dont M. Duvelder et tant d'autres auraient pu me dégoûter, si je n'avais pas su qu'Amélie était encore plus vertueuse que belle.

Théophile était moins pressé que moi de rentrer en France. L'idée de se séparer de l'adroite Julie le désespérait ; mais quand il sut que Stéphani et sa sœur nous accompagneraient jusqu'à Grenoble, et que leur intention était d'aller à Paris, il reprit sa gaîté accoutumée, s'offrit d'accompagner ces dames, et de leur servir de guide dans la capitale. Elles y consentirent, et nous ne pensâmes plus qu'à nous rapprocher de la France ; ayant trouvé aux Dardanelles un vaisseau qui se rendait à Gênes, nous nous embarquâmes.

Angélique fut charmante pendant toute la traversée, et j'aurais voulu que nous n'eussions pu trouver le port. Cependant celui de Gênes reçut enfin notre vaisseau. Nous nous arrêtâmes peu dans cette ville superbe. Nous n'avions que le temps de traverser les Alpes, ce que nous fîmes très-heureusement. Nous prîmes notre route pour Grenoble, où nous allâmes descendre chez la bonne madame Tardé, qui fut enchantée de nous voir, et nous donna les plus belles chambres de l'hôtel, où nous demandâmes que l'on nous préparât un excellent souper. Angélique avait l'air préoccupé. Nous devions nous séparer le lendemain, et j'avais beau lui dire que ce ne serait que pour peu de temps, elle n'en voulait rien croire ; son regard avait quelque chose de si touchant, que j'étais prêt à verser des larmes. Nous étions au dessert, et j'avais fait apporter du vin de Champagne, quand notre souper fut interrompu d'une manière tout-à-fait désagréable.

CHAPITRE IX.

Je vois entrer un homme d'une figure peu gracieuse, quoiqu'il fût encore jeune et d'une taille avantageuse, qui saluant ceux qui étaient à table avec moi, me pria de vouloir bien, avec la permission de ces dames, qu'il me dît un mot en particulier. Je me levai, m'approchai de la cheminée et demandai à cet individu ce qu'il désirait de moi. — Je sais, monsieur, que j'ai à remplir une mission qui vous sera infiniment désagréable, et c'est avec beaucoup de regret que je la remplis, ayant une estime toute particulière pour vous. — Au fait, monsieur ; les complimens sont inutiles ; que me voulez-vous ? — Rien à vous, monsieur, mais à quelqu'un que vous honorez de votre affection. — Nommez ce quelqu'un. — Je le ferai, monsieur, quand vous aurez eu la bonté de me promettre de ne point mettre une opposition inutile aux ordres de sa majesté, dont j'ai l'honneur d'être porteur. — Savez-vous, monsieur, que vous m'impatientez ; ne croyez pas que je me laisse dicter par qui que ce soit des conditions. Dites-moi quel est cet ordre, quelle est celle ou celui qu'il regarde, et par quelle raison vous m'en faites part le premier ? — J'ai déjà eu l'honneur, monsieur, de vous le dire. Vous êtes fils de M. de Nerval, qui a été major du régiment de Picardie, j'y suis entré cadet à la même époque, et M. votre père m'a comblé de bontés, je ne l'ai point oublié et je me trouve infiniment malheureux d'être obligé de vous séparer d'un être qui vous est cher. — Est-ce de Julie ? lui dis-je, je serai fâché de sa mésaventure ; mais elle a apparemment mérité la rigueur de la justice. — Ce n'est point elle, monsieur ; un objet qui vous est bien autrement précieux. — Quoi, M. de Sangis ? Eh ! non monsieur, on sait bien qu'un jeune-homme se fait une raison, quand il n'est question que d'un ami, mais une maîtresse! c'est bien autre chose! — Je n'ai point ici de maîtresse. Julie ne l'est point, et ne le sera jamais. — Je vous dis, monsieur, qu'il n'est pas question d'elle. — Mais il n'y a qu'elle de femme avec moi. — Et vous pensez que vous me le ferez croire ? Non, monsieur, non, nous savons très-bien que le prétendu Stéphani Philos, n'est autre qu'Angélique Maran, femme Duvelder, que nous cherchons depuis six mois, pour la remettre en lieu sûr, et je désire que cela se fasse sans scandale. J'ai avec moi dans cette maison quinze hommes, dont je suis certain, et qui y sont venus sous divers déguisemens, de sorte que l'hôtesse ne sait point que nous sommes réunis pour le même objet, à l'exécution duquel je vous supplie, monsieur, de ne pas vous opposer : ce serait inutilement.—Non, non, repris-je avec fureur, ce ne sera pas inutile. Je ne crains ni le nombre, ni la force. Je me ferai plutôt hacher que de permettre qu'on arrête une femme qui s'est mise sous ma sauvegarde ; ainsi disposez-vous à la bataille. Théophile, mes deux valets me seconderont, nous sommes quatre, qui, en vérité valent bien vos quinze satellites. — Le nombre, monsieur, a toujours l'avantage ; d'ailleurs ces quinze hors de combat, j'en aurai vingt autres et de suite. — N'importe, on ne l'aura pas tant que j'existerai. — Voilà ce que j'ai craint, ce qui me désespère; abandonnez une mauvaise cause. — Non, c'est impossible. — Voyez quelle différence si vous ne faisiez nul bruit. Personne ne se douterait de cette aventure. Je passerais pour le correspondant du jeune Grec, et de sa sœur ; rien de si simple que de nous voir partir ensemble. Mais si vous allez faire un bruit infernal, toute la ville le saura. Madame de Thémines en sera instruite, et ce ne sera pas sans quelque chagrin qu'elle saura que vous êtes depuis six mois avec une femme qu'elle déteste, au moment où elle vous attend pour s'unir à vous par l'hymen. — Et qui vous a si bien instruit, monsieur ? — Mon métier n'est-il pas de tout savoir ? — Cela m'est égal, je vous ai dit ma dernière résolution, je ne laisserai point enlever madame Duvelder. — Et moi je vous assure que je l'enleverai, pas plus tard que dans l'instant ; et il me fit voir son bâton d'exempt. La lettre de cachet portait l'ordre, disait il, d'enlever madame Duvelder, et de la ramener sur-le-champ à Ste.-Pélagie, maison plus sûre que ne l'était Ste.-Aure.

Le sang-froid de cet homme

me désespérait ; je lui demandai quelque temps pour réfléchir, il me l'accorda, toujours avec la même politesse. J'appelai Théophile et l'instruisis en peu de mots de la position où je me trouvais, seulement pour ne point affaiblir l'intérêt qu'il prenait à Julie, et dont j'avais besoin, pour qu'il me servît, j'en fis une amie généreuse, se dévouant au sort d'Angélique. Les abandonnerons-nous ? dis-je, à Théophile. Je ne vous le conseille pas, me dit *mon très prudent mentor;* mais je crois qu'avec mille louis, vous en serez quitte, offrez-les hardiment : ces sortes de gens ne sont jamais effrayés par le son de l'argent, ni chagrinés par la vue de l'or. Il y a bien à présumer que le gaillard a envie de vous tirer une somme dont il a besoin : sans cela, il ne se serait pas d'abord adressé à vous.

Je fus enchanté de voir que Théophile était de si bon accord. J'allai retrouver mon exempt. — J'ai souvent entendu dire que tout s'arrangeait avec de l'argent, lui dis je ; combien voulez-vous pour vous retirer et nous laisser finir tranquillement notre souper? — Rien. — Rien! Avez-vous bien réfléchi que vous manquerez une très-bonne occasion, que l'argent est tout prêt, et que si vous en doutez, je vais vous le faire voir. J'ouvris une cassette qui contenait plus de mille louis.

— Mille louis ! voilà une belle somme pour manquer à son devoir ; si vous parliez de cent cinquante mille livres, on verrait ce qu'on aurait à faire. — Je vous les donnerais de même, repris-je, si je les avais, mais c'est une somme que rarement on porte en voyage. — J'en conviens, ainsi il n'y faut plus penser, et je vais signifier mon ordre. — Laissez-moi jusqu'à demain matin. — Je le veux bien, pourvu que madame Duvelder consente que je reste la nuit dans sa chambre. Comme elle passe ici pour un homme, il n'y aura nul scandale. — Nous ferons mieux, on ne se couchera pas. — Soit ; mais pensez qu'il me faut demain, avant huit heures, madame Duvelder, ou cent cinquante mille livres. — Quoi ! vous ne quitteriez pas votre projet pour soixante mille livres ? — Non, en conscience, je ne le puis. J'ai ici quinze hommes, dont il faut acheter le silence, et le moins qu'il faille l'acheter, c'est en donnant à chacun d'eux trois mille liv., voilà quarante-cinq mille livres : il ne me resterait donc que quinze mille liv. pour quitter mon état, mon pays, mes habitudes ; non ce n'est pas assez, et je ne rabattrai pas d'un sol. Cent cinquante mille liv., ou rien.

Je vins retrouver Théophile. Que faire, lui disais-je, comment avoir une aussi grosse somme et en si peu de temps? Il me vint une idée. Madame Tardé est riche, elle vient d'hériter d'un oncle qui a laissé beaucoup d'argent comptant. Vous avez mille louis, j'en trouverai bien encore cinq à six cent à emprunter dans la ville, où je suis très connu. Comment demander une somme si considérable à madame Tardé? — Je m'en charge, et il descendit à l'instant. Je ne sais ce qu'il lui raconta. Madame Tardé qui savait que j'allais épouser madame de Thémines, et que j'étais très-riche, consentit à me donner les quatre-vingt-dix mille liv. qu'elle avait héritées de son oncle, et qu'elle avais encore en espèces chez elle. Je fis neuf billets d'honneur, car je n'étais pas encore majeur, de dix mille fr. chaque, de mois en mois, le premier à trois mois de date.

Dès six heures, M. de Sangis sortit et revint avec vingt mille livres de billets de caisse. Ces sommes réunies ne faisaient pas les cinquante mille écus que l'exempt me demandait; mais enfin, cela en était bien près. Je rentrai dans la chambre où, en effet, nous avions passé la nuit à jouer au vingt et un. — Monsieur, lui dis-je, remettez-moi la lettre de cachet; et voici cent trente-quatre mille livres en échange; voyez si cela vous convient. — Vous me faites tort de seize mille livres; mais il faut se prêter aux circonstances. Il me remit la lettre, et je lui remis l'argent.

J'ouvris cette lettre, et je la trouvai revêtue de toutes les formes nécessaires ; quoique je n'eusse aucun doute de la véracité de cet homme, je ne fus pas fâché de me convaincre par mes propres yeux qu'il n'avait pas menti. Il nous quitta sur-le-champ ; et je n'entendis plus parler ni de lui, ni de ses gens.

Théophile, aussi satisfait que moi d'avoir sauvé la bonne Angélique, convint néanmoins qu'il était plus délicat de lui laisser ignorer le service que je lui rendais ; mais qu'il fallait l'engager à retarder son voyage de Paris jusqu'à ce que j'y fusse ; ce qui ne pouvait être long. Je l'engageai en effet à attendre quelque temps avant de quitter Grenoble ; elle m'assura que tout ce que je désirerais serait toujours sa suprême loi. Elle ne fit aucune question sur ce qui s'était passé entre moi et cet homme, à qui elle n'avait pas dit quatre paroles, ne paraissant occupée que de la douleur de nous séparer. Elle me demanda seulement s'il ne vaudrait pas mieux qu'elle ne restât pas à l'auberge, où les gens de madame de Thémines pouvaient la voir. J'approuvai sa discrétion ; et je lui louai dans la ville un logement meublé, où elle s'établit aussitôt, et où, dit-elle, elle m'attendait à souper ; car pour le dîner elle n'en ferait pas servir, étant excédée des fatigues de la nuit qu'elle avait passée par pure complaisance ; elle ajouta qu'elle allait se coucher, et ne se leverait qu'à huit heures du soir. Je l'embrassai tendrement, lui souhaitant un doux repos. Théophile en fit de même à l'objet de ses affections ; et nous revînmes à l'auberge, où je me jetai sur mon lit, et dormis jusqu'à huit heures du soir.

CHAPITRE X.

Théophile attendait mon réveil avec un grand empressement, car il n'avait pas voulu aller chez madame Duvelder sans moi. Je fus bientôt prêt, n'ayant eu qu'à me faire coiffer et passer un habit. Je ne me fis suivre par aucun de mes gens, qui devaient croire le prétendu Stéphani parti pour Paris. Dans le chemin de l'auberge, au logement de madame Duvelder, qui était assez loin, nous ne nous occupâmes que des moyens de la rendre heureuse, ainsi que sa compagne, que notre artiste voulait à toute force épouser. Je me gardais bien de le contrarier; j'avais trop besoin de lui. Enfin, nous arrivons à la porte de la maison, dont le propriétaire occupait le rez-de-chaussée; nous frappons, une jeune servante vient à la porte, et nous dit : C'est M. Stéphani et sa sœur que vous demandez ? — Oui. — Ils sont partis il y a environ trois heures. — Partis ! — Eh ! oui, partis ; un grand jeune homme est venu les prendre; ils ont beaucoup ri. Ils paraissaient de la meilleure humeur possible. A propos, ils ont laissé une lettre pour vous ; je vais la chercher ; entrez dans la salle. Nous entrâmes sans savoir où nous allions ni ce que nous faisions ; nous étions aussi frappés l'un que l'autre de ce départ ; et nous ne nous étions pas encore dit une parole, quand la servante m'apporta la lettre dont elle m'avait parlé.

Je ne reconnais pas l'écriture de madame Duvelder ; je l'ouvre avec la plus grande précipitation, et je vois que la lettre est signée de la Rosière. Je fis un grand éclat de rire, en disant : mon cher, dites adieu à votre maîtresse, comme moi à mes cent trente-quatre mille livres. Nous ne les reverrons ni l'un ni l'autre. Nous sommes les dupes d'un escroc, et de deux femmes que je ne me permettrai pas de qualifier par respect pour moi : c'est un petit malheur ; retournons à Verneuil. Ah ! ciel, s'écria Théophile, être ainsi trahi ! Je ne puis le croire ; peut-être vous explique-t-il tout ce que nous ne pouvons concevoir. Comme cette maison ne nous est pas commode pour une pareille lecture, retournons chez madame Tardé, et en soupant nous verrons cette belle production. — Souper ! Ah ! j'ai trop de chagrin pour pouvoir manger. — Eh bien ! nous boirons. Il y a encore quelques bouteilles de ce vieux vin de Champagne, dont nous avons tant bu la dernière nuit. Allons, mon cher mentor, ayez un peu de force d'esprit, et peut-être ne regretterez-vous pas tant votre Julie, quand vous la connaîtrez mieux.

Tout en cherchant les causes de cet événement, que nous allions savoir dans l'instant, nous nous trouvâmes en face de l'auberge; nous y entrâmes. Je demandai grand feu, des lumières et un bon souper. Mes ordres exécutés, je dis à mes gens de nous laisser; et je me mis à lire la lettre du sieur de la Rosière, ainsi conçue :

Lettre de M. de La Rosière à M. le comte de Nerval..

A Grenoble, le 10 septembre 1787.

Monsieur,

Je suis chargé, de la part de l'aimable Angélique, de vous faire mille remerciemens de la générosité que vous avez montrée envers elle. Les cent trente-quatre mille livres, que vous m'avez comptées, vont lui servir à quitter la France, où elle ne reviendra qu'autant qu'elle sera veuve, ne se souciant pas de passer encore huit mois, et peut-être plus, à Ste.-Aure, et d'avoir le bras cassé pour en sortir. Nous allons nous embarquer à Marseille, et de là faire route pour Cadix, où nous ferons un commerce assez florissant, pour vous rendre peut-être un jour votre argent. Cela sera d'autant plus nécessaire que je vous préviens que votre tuteur vous ruine. Aucuns de vos fonds n'ont été placés, à l'exception de votre hôtel de la rue Verte. Tout le reste est en porte-feuille; et M. Brisard met tellement et de si grosses sommes à la loterie, que je ne serais pas surpris qu'il ne vous restât rien à votre majorité. Je vous dis cela, parce que j'en suis sûr, ayant été dix ans commis dans le bureau de la loterie où il fait ses mises. Vous voudrez bien dire à M. de Sangis que la charmante Julie m'a fait l'honneur de me préférer à lui, et que je l'épouserai avant de nous embarquer.

Je ne doute point, Monsieur, que cette petite aventure ne vous soit fort utile, et ne vous apprenne à ne pas croire si facilement ce qu'on vous dit; quant à nous, notre reconnaissance est égale aux sentimens très distingués, etc.

De la Rosière.

— Voilà un effronté coquin. — Partons, me dit Théophile, nous arriverons peut-être avant eux à Marseille ; mais au moins assez à temps pour les empêcher de s'embarquer et leur faire rendre votre argent. — Dieu m'en garde ; je serais bien fâché que l'on sût dans le monde à quel point j'ai été dupe de cette femme ; laissons-les suivre leur destinée : tant mieux si cette somme leur suffit pour cesser d'être fripons ; mais dois-je croire ce qu'il me mande de M. Brisard ? Je veux imaginer que c'est un conte fait à plaisir pour me jeter dans l'inquiétude. — Cela pourrait être en partie ; mais vous savez, Eugène, que je n'ai jamais eu bonne opinion de ce cher tuteur, et que son avarice envers vous m'a toujours fait croire qu'il ne gérait pas votre fortune avec toute l'intégrité possible. A votre place, j'écrirais à votre oncle que l'on vient de vous donner cet avis; et je l'engagerais à demander une assemblée de famille pour forcer M. Brisard à rendre ses comptes. Je suivis l'avis de Théophile, et j'écrivis dès le soir à M. de Méodas, en le priant de me répondre à Verneuil, où je devais me rendre le lendemain. Car, après avoir bien examiné ce que nous avions de mieux à faire, nous convînmes qu'il fallait oublier ces aventuriers, et nous garder l'un et l'autre le plus inviolable secret.

CHAPITRE XI.

Après une nuit assez agitée, nous nous trouvâmes heureux l'un et l'autre d'en être quittes à si bon marché ; car avec de telles femmes on ne sait jamais jusqu'où elles peuvent conduire. Quand je me rappelais avec quelle fausseté Angélique en avait agi, pendant notre séjour, tant à Smyrne qu'en Grèce, je ne pouvais m'empêcher de maudire la perfidie de son sexe; mais, en pensant aux vertus de mon amie, en me rappelant les grâces naïves de Lesbie, je me disais que sans ce sexe, dont on dit tant de mal, et dont il y aurait tant de bien à dire, on ne pourrait être heureux sur la terre; et je me faisais une idée assez douce de revoir celle qui daignait prendre à moi tant d'intérêt. J'assurai, avant de partir, madame Tardé que son argent lui serait très-fidèlement rendu; et j'en avais la certitude, puisque je pouvais vendre mon hôtel pour la payer, quand ce que la Rosière assurait serait vrai. Madame Tardé me dit qu'elle était sans inquiétude, et que je pouvais être sûr aussi que jamais elle n'en parlerait à qui que ce fût; et elle me fit entendre que j'avais employé cet argent à assurer le sort d'une belle avec qui je rompais, allant me marier avec madame de Thémines. Je lui laissai cette idée, qui n'avait point d'inconvénient ; et je partis avec mon compagnon, qui ne revenait pas que sa Julie se fût moquée de lui.

Je n'avais pas voulu que mon courrier me précédât ; je me faisais un plaisir de surprendre ma belle veuve, que je me persuadais aimer encore d'amour. Le sien s'était accru dans la solitude. Elle me reçut avec de si doux transports, que j'en fus pénétré de reconnaissance. Elle était si émue, qu'elle ne savait comment exprimer la joie qu'elle avait de nous revoir; elle embrassa même le bon Théophile, à qui une telle faveur fit oublier dans l'instant la perfide Julie. Il ne fut question toute la soirée que de l'ennui que nous avions mutuellement éprouvé d'une si longue séparation. Nous nous jurâmes que ce serait la dernière; et dans l'espèce d'enivrement que je m'efforçais d'éprouver, je la conjurai de ne pas différer mon bonheur, et de consentir à me donner sa main dans trois jours, qui suffiraient pour obtenir les dispenses nécessaires. Elle parut très flattée de mon empressement; mais elle m'assura que c'était impossible; que la reine avait infiniment de bontés pour elle; qu'elle ne pouvait se marier sans que notre contrat de mariage fût signé et que je me fusse fait présenter. — Et à quoi cela nous servira t-il ? lui dis-je. — Ce n'est pas pour nous, reprit-elle, mais pour nos enfans : à ce mot, son front se couvrit d'une modeste rougeur. Je sentis tout le prix de la possession de celle qui, même dans une union légitime, trouvait encore une pensée allarmante pour sa pudeur ; et comparant cette femme céleste avec madame Duvelder, je me disais : non, elles ne sont pas du même sexe. Alors je lui demandai de hâter notre départ : mais comme si elle eût pressenti que les momens que nous passerions à Verneuil étaient les derniers de son bonheur, elle ne voulut point que nous en partissions avant le mois d'octobre; ce qui me donna le temps de recevoir la réponse de mon oncle. Elle était fort alarmante. Il avait fait des informations dont le résultat allait à l'appui de tout ce que m'avait écrit la Rosière. Il était certain que M. Brisard avait mis depuis son séjour à Paris des sommes très-considérables à la loterie, qu'il n'avait presque jamais gagné. M. de Méodas avait été le trouver, lui avait demandé de mettre ses comptes en règle; mon prochain mariage m'émancipant de droit, mettait fin à la tutelle. Brisard avait l'air fort déconcerté et avait dit qu'on ne pouvait rendre un compte de cette importance en huit jours, même en un mois. Je lui ai observé, poursuivait mon oncle, qu'au moins il pouvait donner connaissance des fonds, ce qu'il avait toujours refusé. — Je sais, monsieur, à quoi se montait la fortune de mon pauvre frère. Elle allait à près de deux millions, monnaie de France. — Deux millions, monsieur, jamais elle n'a été à une si grosse somme. — Il n'y avait pas trente mille liv. de différence, j'en suis sûr, puisque c'est à moi qu'il a remis la note de ce qu'il avait envoyé comme s'imaginant que je devais être le tuteur de son fils, si comme il le craignait, sa femme ne lui survivait pas. — Que le ciel, m'a-t-il dit, en poussant un profond soupir, n'a-t-il pas permis que cela fût! — Personne ne saura le chagrin que cette tutelle m'a causé ; et mille autres propos de cette espèce qui n'avaient aucune suite. Je crains beaucoup, mon cher neveu, c'est ainsi que mon oncle finissait sa lettre, que ta fortune ne soit étrangement diminuée; heureusement que celle de madame de Thémines est très-considérable. — J'oubliais, ajoutait-il encore, par *post scriptum*, de te dire que Lesbie est d'une joie infinie, de l'idée que tu pourrais être complètement ruiné. Elle prétend que tu en seras mille fois plus charmant, qu'en général, rien de moins aimable que les millionnaires, qui semblent tout écraser sous le poids de leur or. Allons, m'écriai je, c'est une consolation, si l'on gagne en amabilité, ce qu'on perd en espèces, je ne savais pas que pour plaire, il fallait être pauvre : je crois que Lesbie est seule de son sentiment. Je ne leur en sais pas moins de gré, d'ailleurs elle présume, peut-être, que ce sera un obstacle à mon mariage avec madame de Thémines et que devenu libre, je pourrai alors lui offrir mes vœux. Je ne crois pas que cela puisse être avec madame de Thémines, la noblesse de son âme me fait croire qu'elle pourrait fort bien partager l'opinion de Lesbie, et me trouver d'autant plus aimable, que je suis moins riche. Mais comme il ne m'en coûterait rien de m'en assurer, je lui donnerai connaissance de cette lettre, et je verrai bien quelle sera l'impression qu'elle fera sur elle. En effet, aussitôt après dîner, je lui dis que j'avais à lui communiquer une réponse de mon oncle. Elle passa avec moi dans le cabinet dont j'ai parlé, et en la lui donnant, je lui dis : elle ne m'afflige, mon amie, que par la crainte qu'elle ne change vos projets. Elle l'ouvrit avec beaucoup d'émotion, mais quand elle vit qu'il ne s'agissait que d'un peu plus ou moins d'argent, elle se mit à rire, et me la rendant, elle me dit : — Eh ! comment Eugène, me connaissez-vous assez peu, pour croire que c'est votre fortune qui m'a déterminée à vous épouser. La mienne ne peut-elle pas suffire à tout ce que le luxe a inventé, pour être environné d'éclat ? C'est bien avec vérité que je dirais, comme votre cousine, que je serais enchantée que vous fussiez entièrement ruiné ; mais dites-moi donc, mon ami, vous ne m'aviez jamais parlé de cette cousine, pourquoi est-elle bien-aise que vous soyez ruiné ; qu'est-ce que cela peut lui faire? est-elle fille unique, fort riche, aurait-elle le projet, si je ne vous épousais pas....! Ah! Eugène, vous aimerait-elle? — En vérité, mon adorable amie, vous me faites là des questions auxquelles il m'est facile de vous répondre.

— Lesbie est fille de mon oncle qui a huit enfans, et dont la fortune est beaucoup moindre que n'était celle de mon père. Je ne l'ai pas vue depuis l'âge de 13 ans, et il y en a à présent près de dix. Je ne lui crois pas plus de projet sur moi, que je n'en ai sur elle. — Vous me rassurez, mon cher Eugène, car je serais la plus malheureuse des femmes si vous me trompiez.

Vous ne savez pas de quoi je suis capable. Oui, si je croyais que vous en aimassiez une autre, qui fût digne de vous par la naissance et les qualités personnelles, il n'y a rien que je ne fisse pour vous, et en m'immolant à votre bonheur, je pourrais encore trouver quelque félicité; mais si après avoir reçu votre foi, j'apprenais que vous n'avez pas suivi l'impulsion de votre cœur, je mourrais de regret. — Qui peut donc, chère Amélie, vous donner de semblables pensées. Où pourrais-je trouver une femme qui vous fût comparable? Non, non, ne me faites pas l'outrage de supposer que je pusse cesser de vous aimer. Elle crut à mes protestations, et j'y croyais peut-être aussi moi-même.

CHAPITRE XII.

L'effet de la lettre de mon oncle sur madame de Thémines, fut de hâter notre départ. Il faut, dit-elle, que nous partions pour Paris. Il faut faire expliquer votre tuteur et sauver ce qui vous reste de bien, non pour moi qui n'y attache aucun prix, mais pour votre amour-propre qui me dispute l'extrême bonheur de réparer votre fortune si elle est détruite. J'avoue qu'elle lisait assez bien dans mon cœur, et que je ne me souciais pas infiniment de tout devoir à la femme qui allait prendre mon nom. Théophile qui était resté avec nous, dit qu'il ne nous quitterait qu'à Lyon. Je voulais qu'il vînt à Paris : Non, dit-il, j'aime mieux reprendre mes occupations accoutumées. Quand vous reviendrez à Verneuil, j'y viendrai avec délices, contempler votre bonheur.

Nous le laissâmes maître de faire ce qui lui était agréable. Nous nous séparâmes de lui à Lyon, où il nous donna un excellent déjeûner. Nous fîmes le voyage le plus heureux, et nous arrivâmes à Paris un vendredi à dix heures du matin. Madame de Thémines qui était fatiguée, se mit dans son lit, et me dit qu'elle m'engageait à retourner chez moi et à prendre aussi du repos : car nous avion scouru toute la nuit. Je lui dis que j'étais trop pressé de savoir où j'en étais avec M. Brisard, pour reposer un instant avant de l'avoir vu. Je me rendis, en effet, chez moi, et je demandai où était M. Brisard. Dans son lit, me dit-on, et fort mal. J'allai le trouver. Son changement m'épouvanta. Il ressemblait à un spectre. C'est vous, dit-il, d'une voix sombre. J'espérais être mort avant votre retour, Dieu ne l'a pas voulu. Je dois souffrir tous les maux réunis. — Et en quoi ma présence peut-elle, mon cher, vous tourmenter ? Ne suis-je plus cet enfant que vous avez vu naître, que vous regardiez comme votre fils ? avez-vous donc oublié l'attachement que ma mère avait pour vous? — J'en ai abusé, je suis un monstre. Mais je mourrai bientôt. Il n'y a plus de remède à mes maux, j'en ai inutilement espéré. Je veux cependant vous revoir encore une fois avant de mourir. J'ai une révélation importante à vous faire, mais je ne le puis aujourd'hui, je ne suis pas assez sûr de mourir. Il lui prit, en cet instant, une toux violente, qui le mit au bord du tombeau. Le médecin arriva, qui me dit : c'est un homme qui n'a pas vingt-quatre heures à vivre. Je vis qu'il s'assoupissait, je me retirai dans mon appartement, donnant ordre qu'on m'avertît, s'il me demandait. A peine y étais-je, que l'on m'annonça St.-Firmin. Quoi ! dit-il, Eugène, tu es ici, et tu ne me le fais pas dire ? — J'arrive à l'instant. — Et ma cousine ? — Nous sommes venus ensemble ? — Et quand le mariage ? — Dans huit à dix jours. — Et le vôtre ? — Il n'avance pas. Mais dis-moi donc, à qui en as-tu ? Quel est cet air froid, ce ton de cérémonie, est-ce l'effet d'un bonheur inespéré ? Crois-tu, parce que tu vas être l'époux d'Amélie, que le reste des mortels ne soit plus digne de tes regards ? — Ne me forcez pas,

St.-Firmin, à une explication fâcheuse pour vous et pour moi : qu'il vous suffise de savoir qu'il n'est rien de votre conduite envers moi qui ne me soit connu. — Elle fut toujours celle d'un ami. — Ne profanez pas ce nom, on n'est point l'ami de celui qu'on se plaît à tromper. — Moi! dans quelles occasions?—Je vous le répète, St.-Firmin, je ne veux point d'explications. Votre cousine ignorera ces tristes détails; mais vous m'obligerez de venir rarement chez elle. — Est-il possible, Eugène, que vous vous conduisiez ainsi avec moi! Et qui a pu vous tenir de semblables discours? — Je n'ai rien cru à la légère, et ouvrant une cassette, j'en tirai ses lettres à Angélique. Il ne les eût pas plutôt reconnues, que prenant son chapeau, il me salua, en disant : les femmes sont d'une indiscrétion impardonnable. Soyez sûr, M. de Nerval, que je vais m'occuper le plutôt possible, de m'acquitter avec vous; on ne peut devoir qu'à ses amis, je vois bien que nous ne le sommes plus, et il sortit. Je fus fort aise que la chose se fût passée ainsi, car je ne me souciais pas de me battre encore une fois avec lui. Je me souvenais de la douleur qu'Amélie avait ressentie de ma blessure, et je ne voulais point lui donner de nouveaux chagrins, je ne le voulais pas. Le ciel m'en est témoin et cependant....!

Je passai la journée chez moi, où j'eus encore la visite d'un fripon d'une autre espèce, maître Jacob. Celui-là je le fis mettre à la porte par mes gens, ne pouvant supporter plus long-temps l'insolence avec laquelle il me demandait le montant de mes billets, sans vouloir représenter les diamans. Enfin ne sachant que faire, et M. Brisard étant toujours dans un état d'anéantissement qui ne permettait pas d'en tirer un mot, je me fis conduire à l'Opéra, où je vis dans une loge, à côté de la mienne, ce que la nature m'avait encore offert de plus beau. C'était une jeune femme, car toute belle qu'elle était, je la croyais bien d'âge à être mariée, paraissant avoir au moins vingt ans. Cependant son maintien était modeste, et elle rougissait dès que je la regardais. Elle était seule avec une femme, encore belle, et qui paraissait être sa mère. Elles causaient avec un grand intérêt et n'en prenaient guère au spectacle. Je crus voir que quelquefois les yeux de la jeune femme se mouillaient de larmes, qu'elle retenait sur le bord de sa paupière. Alors sa mère lui serrait la main avec la plus tendre affection. J'aurais voulu entendre ce qu'elles disaient, mais c'était impossible, elles parlaient trop bas, pour que les sons pussent parvenir jusqu'à moi. Elles sortirent avant la fin du spectacle : je les suivis, voulant apprendre leurs noms quand on appellerait leurs gens. J'entendis distinctement *les gens de madame la marquise de Mérigny.* La voiture était très-belle, les valets vêtus d'écarlate, avec un large galon d'argent. Les trois laquais et le cocher étaient habillés de même. Serait-il possible que cette belle personne ne fût pas mariée, et qu'elle n'eût point de livrée à elle : c'est impossible. Il paraît que sa mère est très-riche, elle est peut-être chanoinesse, mais quelle qu'elle soit, je veux la voir, l'entendre ; le son de sa voix me paraissait devoir être aussi doux que son regard, et je mis dans mes arrangemens de tout faire pour savoir qui elle était. J'étais désolé que ces dames fussent sorties avant la fin du spectacle, parce que j'eusse voulu m'informer qui elles étaient. Je ne remontai point dans la salle, et ayant dit qu'on fît avancer ma voiture, je donnai ordre de me mener à l'hôtel de Thémines. C'était un devoir que je remplissais, plutôt qu'un plaisir que je voulus goûter. Il me semblait que j'aurais mieux aimé passer la soirée avec la belle inconnue, qu'avec ma veuve. Cependant me voulant mal à moi-même de cette fantaisie, je me promis de l'éloigner de mon imagination, et de ne m'occuper que du bonheur de celle à qui je devrais, selon toute apparence, les agrémens attachés à la fortune : car il ne me paraissait pas douteux, d'après ce que M. Brisard m'avait dit, qu'il avait détruit la plus grande partie de la mienne.

CHAPITRE XIII.

—

Madame de Thémines m'attendait : elle avait fait fermer sa porte; et c'était la première fois, depuis que je la connaissais, que je me trouvais tête à tête avec elle. Si elle m'eût accordé cette faveur six mois plutôt, peut-être eût elle fait une grande imprudence; mais, dans le moment où je parle, elle pouvait s'en rapporter à moi. Je ne cherchais pas à multiplier les liens qui m'attachaient à elle; et je ne voulais pas être plus coupable que je l'étais, si malgré mes sermens je reprenais ma liberté : cependant comme je n'ignorais pas que les femmes veulent toujours avoir la gloire de résister, je parus éprouver les plus doux transports en la trouvant seule. Elle ne s'en alarma pas, et me dit seulement en riant : faut-il que je fasse dire à ma vieille bonne de venir? J'avais cru pouvoir me passer de l'avoir en tiers avec celui qui avant huit jours sera mon époux, et qu'il ne me contraindrait point à me priver de lui donner une marque de ma douce confiance. — J'ai tort, lui dis-je ; mais pensez donc, mon amie, que jamais je ne me suis trouvé assez heureux pour vous exprimer mon amour sans contrainte. — Ah ! répétez-moi cent fois, mon cher Eugène, que vous m'aimez ; vous ne me le direz pas encore autant qu'il serait nécessaire pour me tranquilliser sur la crainte que votre cœur ne soit pas tout à moi quand nous serons unis.

Je l'assurai que rien ne pouvait me rendre infidèle ; les protestations ne me coûtèrent pas ; cependant je me sentais de temps à autre tomber dans une rêverie involontaire, et dont Lesbie et la belle inconnue étaient la cause. Madame de Thémines s'en aperçut, et me demanda ce que j'avais. Heureusement je me ressouvins de Brisard. Je ne vous cache point, lui dis je, que j'ai beaucoup d'inquiétude; et je lui racontai ce que j'ai rapporté de mon entrevue avec mon tuteur. Oh! dit-elle, en me serrant la main avec transport; et c'était la première fois qu'elle m'accordait cette faveur. Serait-il vrai, mon Eugène, que vous seriez ruiné! Ce serait, je vous jure, un bonheur au-dessus de tout ce que je puis dire. Je la remerciai de sa générosité; mais je n'étais pas entièrement de son avis. Nous continuâmes à parler de cet homme; à minuit elle exigea que je la quittasse; et en vérité je n'en étais pas très fâché; car je ne savais que lui dire. Comme je sortais, elle me rappela ; j'allais oublier de vous prévenir que nous soupons demain chez madame de Talaru , qui veut absolument que vous lui parliez de la Grèce , dont elle raffole depuis qu'elle a lu le voyage de M. de Choiseul-Gouffier. Vous me viendrez prendre à neuf heures. — Eh quoi ! lui dis je ; ne vous verrai-je point jusqu'à ce moment?—Non; je passe la journée avec des marchands et des ouvriers ; il me faut trois grands habits ; un pour le jour de la signature, celui avec lequel je me marierai, et un autre pour être présentée comme madame de Nerval. Ah ! j'ai encore à vous dire que je sais que vous avez de madame votre mère un très-bel écrin. Le mien est très-considérable ; il faudrait les réunir. — Je le demanderai à M. Brisard. — Ah ! si c'est lui qui l'a, il n'y faut plus penser. Je ne vous en parlais, mon ami, que pour éviter que vous fissiez une dépense inutile, et par le plaisir de recevoir de vous un don que son inaltérable durée semble rendre d'un précieux augure pour le sentiment. Ce fut alors que je regrettai de l'avoir entièrement sacrifié à St.-Firmin ; et je dis à madame de Thémines que je ferais l'impossible pour le retirer des mains de mon tuteur, ou au moins pour savoir ce qu'il en aurait pu faire ; et je la quittai enfin. De retour chez moi, j'entrai dans la chambre du moribond, qui me reconnut, et me dit que s'il vivait encore le lendemain matin, il me priait de venir le voir, et qu'il ne me laisserait rien ignorer de tout ce qui pouvait m'intéresser. J'aurais voulu qu'il me parlât dès le même moment; mais il ne le voulut pas.

CHAPITRE XIV.

Je me retirai dans mon appartement. L'image de la belle inconnue m'y attendait ; rien ne put m'en distraire toute la nuit : Qui est elle ? me disais je : mais ce qui me tourmentait le plus, c'était la pensée qu'elle n'était point heureuse. Elle est sûrement unie à quelque époux jaloux et bizarre, qui abuse de ses droits pour la tourmenter. —Ah ! comment peut-on faire répandre des larmes à d'aussi beaux yeux ; et je haïssais celui qui était cause de son chagrin.

J'avais si mal dormi que je ne me décidais pas encore à me lever, quoiqu'il fût dix heures du matin, quand on vint me dire que M. Brisard me demandait. Je passai une robe de chambre, et je descendis.

Dès que M. Brisard me vit, il donna ordre à tout ce qui était dans sa chambre de sortir; puis se mettant sur son séant, il ressemblait assez à un mort qui sort de son tombeau; il me dit, d'une voix sépulcrale, je vais, mon cher Eugène, vous révéler d'horribles secrets; mais il le faut pour pouvoir espérer le pardon de mes crimes. Le plus atroce de tous....

— Et à quoi bon, lui dis-je, ces révélations ? Qui ignore le mal qu'on lui a fait, en ressent à peine les traits. — Cela peut être vrai dans certaines circonstances; mais dans celle-ci, c'est différent. Il faut que vous sachiez qu'il n'y a rien d'aussi faux que tout ce que je vous ai raconté de M. de Méodas; et que je n'avais fabriqué cette histoire que pour vous engager à demander pour moi votre tutelle. — Dieu soit béni ; je vous sais un gré infini de détruire entièrement un soupçon qui eût fait le malheur de ma vie. Dieu vous pardonne cette noire calomnie. — Et vous, mon cher Eugène, me pardonnez-vous l'abus horrible que j'ai fait d'une confiance acquise par cet infâme moyen ? — Eh ! mon Dieu, Monsieur, je vous pardonne tout ; que voulez-vous que je vous dise ? vous allez mourir.

— Eh bien ! apprenez donc que, abandonné depuis quinze ans à la passion la plus impérieuse pour la loterie, j'y ai mis tous vos fonds, et qu'il ne vous reste que cet hôtel, le mobilier, vos diamans et votre terre de Picardie. Hélas ! il n'a pas tenu à moi de tout réparer. Il me restait encore trente mille livres avant hier ; je les ai mis sur les meilleurs numéros connus ; c'était hier le tirage ; je devais gagner quinze cent mille livres. Eh bien ! pas un numéro n'est sorti ;

c'est ce qui m'a donné le dernier coup ; on ne résiste pas à un malheur si constant. Si j'eusse gagné ces un million cinq cent mille livres, tout était réparé ; mais rien, rien : ah ! il faut mourir. — Que ce soit sans trouble, lui dis-je. Je vous donne tout cet argent ; vous me rendez bien plus que je ne perds, ayant eu le courage d'avouer que rien de tout ce que vous aviez dit de mon oncle n'était vrai : je puis donc aimer, estimer le frère de mon père, le père de Lesbie. — Ah ! bon jeune homme ; que le ciel vous rende cette fortune, que j'ai eu la bassesse de dissiper ; et qu'il récompense votre charité envers un malheureux que tout autre que vous eût accablé d'injures. Je le vis se recueillir ; puis il me dit : Si vous m'avez pardonné, je puis espérer que Dieu me pardonnera. Je le crois, lui dis-je ; vous devez assez souffrir dans cet instant pour expier vos fautes. Il avait fait avertir un prêtre. Je le laissai avec lui. Je crois qu'il put obtenir grâce tout coupable qu'il était : car la passion l'avait aveuglé, et il mourait de douleur de s'y être livré.

Je ne m'amusai point à réfléchir sur ma position. Elle était sans remède. Je ne m'occupai que de ravoir les diamans qui étaient chez le juif, car pour les autres ils étaient perdus sans ressource. Je me rendis chez le lieutenant de police, et je lui exposai de quelle manière j'avais perdu ces diamans. Il envoya sur-le-champ arrêter Jacob, qu'il voulut interroger lui-même. Le traître d'homme ne nia rien ; mais dit, que ne recevant pas son dû, il avait vendu les diamans, et qu'il ne demandait pas mieux que de me tenir compte de la plus-value. Voyez, me dit le magistrat, ce que vous voulez que je fasse. Je puis le renvoyer devant les tribunaux comme prêteur sur gages et escroc ; il sera condamné aux galères pour huit ans, mais vous n'en devrez pas moins vos billets. Il me paraît qu'il faut mieux régler sur-le-champ cette affaire ; je vais vous prêter l'argent nécessaire pour la terminer. Je le remerciai de ses bontés. Il fit payer à cet homme trente mille livres, auxquelles furent réduits les billets, tant à cause des énormes intérêts qu'ils renfermaient, qu'à cause de la vente des diamans, qui, d'après ma déclaration, valaient quatre-vingt mille livres. Il retira les billets; puis, malgré mes prières, il l'envoya six mois à Bicêtre, où il resta bien plus de temps; car, à peine fut-il arrêté, qu'il arriva de tous côtés des plaintes contre lui. Sa femme et ses fils, qu'il rendait fort malheureux, l'abandonnèrent, et partirent pour la Pologne, d'où ils ne revinrent plus.

Quant à Jacob, tout le temps qu'il fut enfermé, j'eus soin qu'il ne manquât jamais du nécessaire; mais je ne pus le garantir, quelques années après, de périr dans la prison, d'une manière cruelle, et qui parut être une punition de ses vols.

J'avoue que je fus plus fâché de ne pouvoir offrir les diamans de ma mère à madame de Thémines, que de la perte de ma fortune. Cependant il me fallait rembourser le lieutenant général de police fort promptement des trente mille livres qu'il m'avait prêtées. Il n'y avait que mon oncle qui pût me rendre ce service; d'ailleurs j'avais un extrême empressement de revoir ce digne parent ; de lui prouver , par mon respect et ma tendresse, combien il m'était doux de le trouver le plus honnête des hommes, comme il en était un des plus aimables. Je voulais aussi voir Lesbie : il me semblait que je le pouvais sans danger, depuis que l'inconnue avait dissipé par ses charmes toute l'illusion dont mon imagination avait environné la pensée de ma cousine ; je ne désirais plus la voir, ainsi que Patrice, que comme les amis de mon enfance ; je me faisais un plaisir d'en faire la compagne de mon épouse ; et, privé jusqu'à ce moment de trouver dans mes parens des guides et des défenseurs, je me faisais une grande joie de m'abandonner entièrement à mon oncle et à sa famille.

J'arrive à Passy; ils étaient allés dîner à Marly chez un de leurs anciens amis ; j'avais presque envie de les y suivre ; mais pensant qu'il serait possible que madame la marquise de Mérigni et son adorable fille fussent à la comédie française, où l'on donnait une tragédie nouvelle, je rentrai chez moi. Je fis demander un potage et un poulet. Pendant que je dînais, on vint m'apprendre que M. Brisard venait d'expirer ; je le plaignis et désirai qu'il trouvât la paix et le repos ; je fis dire à mon notaire de faire mettre les scellés pour conserver au moins le peu qui restait; car il m'aurait paru dur de n'avoir pas même huit à dix mille livres de rente après en avoir eu cent. Si madame de Thémines, me disais-je, soutient par sa fortune l'état de notre maison, je veux au moins me passer d'elle pour mes dépenses personnelles ; sans cela je ne me marierai pas ; et au fond de mon cœur, c'était peut-être ce que je désirais le plus..

Ces précautions prises , qui prouvaient que cependant j'acquérais quelque expérience , je me rendis aux Français, et me plaçai au balcon. Je parcourus des yeux la salle sans y trouver celle que mon cœur cherchait ; elle n'y était pas : aussi le spectacle me parut insupportable.

J'allai au foyer; on m'entoura, on me complimenta sur mon prochain mariage ; ce qui me surprit fut de ne point voir St. - Firmin. Je reconnus de nos amis communs , je leur demandai où il était. On ne l'a pas vu, me dit-on, depuis hier. On assure que son mariage avec ta cousine, me dit le chevalier de Merville, est manqué : on n'en sait point la raison. Alors, comment fera-t-il avec ses créanciers ? Je ne vois pas l'extrême nécessité que ma cousine les paie. La pendule marquait huit heures trois quarts ; je sortis pour être exact au rendez vous; j'arrivai à l'hôtel de Thémines. La baronne était dans la plus grande parure, et tout annonçait en elle une véritable satisfaction.

— Je ne vous ferai point attendre, dit-elle, et je suis fort aise que vous soyez venu de bonne heure. Nous nous rendrons de suite chez madame de Talaru, parce que je serais embarasée de vous présenter si le cercle était formé. Comment va le tuteur ? — Hélas ! il n'est plus, et il emporte avec lui toute ma fortune qu'il a entièrement mise à la loterie. — Je lui en sais bien bon gré. — Non pas moi ; je lui en veux surtout d'être cause que je ne puis vous offrir les diamans de ma mère, ils sont perdus sans retour. — Vous voyez, mon ami, que j'en ai pour une somme fort considérable (elle en était couverte), et j'espère que vous ne me refuserez pas d'en accepter une partie; elle me présenta un écrin qui contenait deux paires de boucles de diamans d'une grande valeur; une bague d'un seul diamant d'une rare beauté, et une épingle avec son chiffre. Je lui demandai la permission de me parer de ses dons; mais de tous, lui dis-je, celui que je préférerais serait votre portrait. —Je m'en suis occupée, dit-elle; et vous l'aurez aussitôt la signature. Je ne cache point que je me vis avec plaisir paré des dons de mon amie. L'éclat m'a toujours plu, et je me trouvais heureux, malgré ma ruine, de n'avoir à regretter aucune des jouissances du luxe.

CHAPITRE XV.

Nous arrivâmes, comme madame de Thémines l'avait désiré, avant tout le monde. Madame de Talaru nous reçut avec infiniment d'amitié, me dit mille choses aimables, et félicita madame de Thémines sur son choix. Peu à peu on arriva, et il y avait environ trente personnes quand j'entendis annoncer madame la Marquise et mademoiselle de Mérgny. Qui peindra ce que j'éprouvai, lorsque j'aperçus celle qui avait captivé mon cœur dès le premier instant que je l'avais vue ! Madame de Talaru reçut la marquise avec distinction ; tous les yeux se tournèrent sur sa fille, les hommes pour l'admirer, les femmes pour l'envier : mais elle ne paraissait pas s'en apercevoir. Assise près de sa mère, elle était assez distraite : cependant, soit prévention, soit désir que cela fût en effet, je crus voir qu'elle me regardait avec attention. Mais était-ce moi ou mes diamans ? On arrangea les parties : un vingt-un réunit la plus grande quantité de ceux qui étaient là. Madame de Talaru me plaça auprès de madame de Thémines; et par une bizarrerie de mon étoile, mademoiselle de Mérigny se trouvait en face de moi.

A peine étions nous assis, que je vis très-distinctement que madame de Thémines observait mes moindres mouvemens, ce qui me jeta dans le plus cruel embarras. Je voyais aussi de temps en temps mademoiselle de Mérigny sourire à sa mère, puis elle me regardait avec un extrême attendrissement, quand un instant avant que l'on servît, on annonça le marquis de Mérigny. Quelle fut ma surprise, ma joie, ma douleur et surtout mon embarras, quand je reconnus, dans M. de Mérigny, mon oncle, le père de Lesbie, cette belle et incomparablement belle mademoiselle de Mérigny ! L'impression que j'éprouvai, fut telle que je perdis connaissance. Madame de Thémines, ne sachant à quoi attribuer ce fatal accident, s'empressa de me secourir ; mais quand elle entendit M. de Méodas m'appeler son neveu, quand elle vit que ma tante, que Lesbie m'entourèrent, me donnèrent les noms les plus doux, elle ne douta pas un instant de son malheur. Tous les flacons, tous les sels me furent prodigués, rien ne me rappelait à la vie. Un baiser de Lesbie sur mon front, rendit à mon cœur le sentiment et l'existence. J'ouvris les yeux, je la vis à genoux près de moi, soutenant ma tête dans ses jolies mains ; ses beaux yeux baignés de larmes, achevèrent de me faire perdre la raison. Ne voyant plus rien qu'elle, je m'écriai : quoi ! Lesbie, c'est toi que je fuyais ! et que j'adore ! ma Lesbie, le ciel nous réunit. J'entendis un cri qui me tira de l'espèce de délire où j'étais tombé : c'était madame de Thémines qui, penchée sur le sein de madame de Talaru, invoquait la mort ; sa douleur me rendit à moi-même, je me jetai à ses genoux, je l'assurai que jamais je ne romprais des nœuds qui faisaient ma gloire. Elle me releva et me dit avec dignité : Voyez monsieur, que de témoins nous environnent. Madame, s'adressant à madame de Talaru, sauvez-moi de la honte que j'éprouve ; et elle passa dans la chambre avec elle : je voulais la suivre, elle me fit signe de rester. J'avoue que je me trouvai soulagé par son absence. Je me jetai dans les bras de M. de Méodas. — Ah! si vous saviez, mon oncle, tout ce qui s'est passé dans mon pauvre cœur. Ah! pourquoi n'ai je pas vu plutôt Lesbie! Je vous l'avais bien dit, ma mère, dit assez haut Lesbie, pour que je pusse l'entendre, que tant qu'il ne m'aurait pas vue, je ne croirais pas à son mariage. Nous restons, dit M. de Méodas, ici en spectacle fort mal-à propos. Madame de Thémines ne reparaîtra pas. Nous devrions nous retirer aussi. Je ne demandais pas mieux ; faisant des excuses à tout ce qui était là de cette ridicule scène, nous sortîmes, et mon oncle et ma tante me faisant monter dans leur voiture, me ramenèrent chez moi.

Tout ce que l'amour peut inspirer, je le dis à ma Lesbie : elle y répondait avec une naïveté charmante. Mais cependant mon oncle me rappelait que j'avais des devoirs importans à remplir envers madame de Thémines, et qu'il ne fallait pas perdre un instant, pour réparer auprès d'elle, autant qu'il serait possible, tout le mal que je lui avais fait. — Eh ! comment, mon oncle, oser la revoir?—Je me charge de tout, dit M. de Méodas; et me laissant avec ma tante et ma cousine, il se fit conduire à l'hôtel de Thémines, où madame de Talaru venait de ramener ma malheureuse amie. Mon oncle lui fit demander la permission de la voir. Madame de Thémines donna ordre de le faire entrer. Le marquis employa, pour apaiser cette adorable femme, tout ce que le respect, l'admiration put lui dicter, la laissant entièrement maîtresse de mon sort, l'assurant que je ne reverrais jamais sa fille, si elle voulait bien encore m'épouser. Il lui jura que nous ne nous étions jamais revus depuis St.-Domingue, que la surprise avait seule causé cet événement, que mon cœur était toujours pénétré pour elle de la plus respectueuse tendresse, et que je ne résisterais pas au malheur d'être haï d'elle; madame de Thémines l'avoit écouté jusque là, sans l'interrompre.

Moi le haïr? ah! j'espère bien lui prouver que ce sentiment est loin de mon cœur. La seule chose que j'eusse eu peine à lui pardonner, c'est s'il m'avait trompée. Je vois, monsieur, par ce que vous me faites l'honneur de me dire que tout a été l'effet du hasard, mais je crois avoir acquis sur votre neveu le droit, en effet, de disposer de sa destinée. Dites-lui que j'exige impérieusement qu'il reste près de vous et de Lesbie, que dans six mois il saura quelle est ma détermination; j'ajouterai pour vous seul, monsieur, et je vous demande, en grâce, de ne pas le lui dire, qu'en demandant qu'il reste près de sa cousine pendant six mois, je ne l'exposerai pas à des regrets. Permette que je ne m'explique pas davantage, mais soyez sûr que le bonheur d'Eugène m'est bien plus cher que le mien. Mon oncle ne voulut point prolonger ces instans pénibles pour tous deux. Il prit congé de madame de Thémines, et vint nous retrouver.

Je fus pénétré de reconnaissance des bontés de mon amie,

et sans savoir quels pouvaient être ses projets, je trouvai celui de passer six mois avec Lesbie et Patrice, le plus heureux possible dans ma position. Je profitai de cet instant pour apprendre à M. de Méodas les tristes révélations que M. Brisard m'avait faites avant de mourir, à l'exception de la rétractation de ses calomnies sur mon oncle, dont je ne lui ai jamais parlé. Mon oncle me répéta ce qu'avait dit Lesbie, et elle me le confirma : ainsi ma ruine n'était point un obstacle à mon bonheur.

Comme il n'y avait rien de si triste que mon hôtel, où gissait encore le pauvre Brisard, nous partîmes pour Passy. La joie de revoir Patrice ajouta encore à ma félicité, qui eût été trop grande, si elle n'avait pas coûté des larmes à ma chère Amélie.

CHAPITRE XVI.

Qui peindra la joie du bon Patrice, lorsqu'il m'aperçut! Il avait été désolé de ne m'avoir pas vu le matin. Il était allé avec sa mère à Marly, mais il ne concevait pas que nous arriverions à plus de minuit. Lesbie l'eut bientôt mis au fait, il m'embrassa de nouveau, en me disant : tu seras mon frère, il est impossible que madame de Thémines veuille épouser un homme qui ne l'aime point. Mais nous étions étonnés de ce qu'elle ne voulait point consentir à mon mariage avant six mois. Cependant nous convînmes tous que je lui devais cette déférence ; et malgré l'amour dont j'étais enflammé, je me soumis à attendre ces six mois, qui d'ailleurs n'étaient pas de trop pour débrouiller le dédale de mes affaires, dont mon oncle voulut bien s'occuper.

Je lui fis dès l'instant une confession sincère. Il me promit de porter le lendemain les trente mille liv. au lieutenant de police, et de faire honneur aux billets que j'avais souscrits à madame Tardé, billets dont la cause le fit bien rire. Ces dames qui l'entendirent, car nous étions dans un cabinet voisin du salon, dont la porte était ouverte, voulaient savoir ce qui égayait si fort M. de Méodas ; mais il leur répondit que leur curiosité ne pouvait être satisfaite. Je suis cependant persuadé qu'il en fit part à ma tante, mais Lesbie ne l'a su que long-temps après. Nous parlâmes de St.-Firmin, qui jusqu'à mon arrivée n'avait pas été rebuté de la manière dont ma cousine le traitait, mais il s'étonnait de ne l'avoir pas vue la veille. Je ne parlai point de ses torts avec moi, je n'avais plus à craindre qu'il épousât Lesbie. Enfin on se décida à se coucher. Il était près de deux heures du matin, car ma tante avait voulu que l'on servît un medianoche (on se rappelle qu'aucun de nous n'avait soupé.) Avec quel délice je m'endormis sous ce toit que je pouvais regarder comme celui de la maison paternelle ! Mais cependant je pensai à Amélie, à sa douleur, et je me sentis oppressé. Le sommeil éloigna ces tristes réflexions, et lorsqu'à mon réveil, je me vis entouré des enfans de mon oncle, que Patrice avait tous amenés auprès de mon lit, et qui me comblaient de caresses, je me trouvai si heureux, qu'il était impossible qu'aucune autre pensée approchât de mon cœur. Lesbie et la plus grande de ses sœurs, âgée de 14 ans, étaient les seules qui ne fussent pas venues dans ma chambre. Patrice avait cinq frères et une petite sœur de 4 ans qui était très espiègle, et promettait d'être aussi belle que Lesbie; tous ces aimables enfans m'appelaient leur frère, et mon cœur répondait avec transport à leur touchante amitié. Il me semblait que tout ce que je voyais, était un songe enchanteur. J'avais vécu, depuis la mort de ma mère, dans un si grand isolement, que l'idée d'une famille me paraissait entièrement étrangère ; mais au moment où je retrouvais des parens si dignes de ma tendresse, il sembla que mon cœur acquérait de nouvelles facultés pour les aimer.

Je les priai cependant de me laisser sortir de mon lit, pour aller rendre mes hommages à ma tante; elle me reçut avec une affection si touchante, qu'elle me rappela celle de ma mère. Mon oncle était déjà parti pour Paris. Nous passâmes la matinée à faire de la musique. J'avais beaucoup acquis en Italie; et, comme je l'ai dit plus haut, Lesbie avait fait pendant mon absence des progrès surprenans; madame de Méodas était enchantée de nous entendre. La peinture partagea aussi nos loisirs; j'avais pris beaucoup de goût pour cet art, en voyant les chefs-d'œuvres de nos maîtres. Enfin, ce que je puis assurer, c'est qu'il n'y avait pas vingt-quatre heures que j'étais au milieu de ma famille, qu'il me semblait que je ne l'avais jamais quittée. Il n'y a aucun doute que, malgré tout ce qu'on en peut dire, il existe une relation naturelle entre les hommes d'un même sang, dont nulle autre liaison de société ne peut donner d'idée, et que le bonheur suprême est de passer ses jours au sein de sa famille.

Mon oncle revint. Il nous apprit tout ce que nous désirions savoir. Il avait passé chez madame de Thémines; elle était partie, disait-on, pour la Lorraine, où elle avait des terres, qu'elle n'habitait pas depuis long-temps. Je pensai qu'elle ne voulait pas revoir Verneuil, craignant de trop tendres souvenirs; ce qui me persuada qu'elle avait la volonté de se séparer de moi pour toujours. Je la regrettais comme amie ; car mon cœur était avide d'aimer ; et plus il était embrasé d'amour pour Lesbie, plus il était sensible à tous les sentimens qui font le bonheur de l'homme sur la terre.

M. de Méodas s'adressant à sa fille, lui dit ; je ne sais, Lesbie, comment t'apprendre une fâcheuse nouvelle.—Je n'en crains point, dit-elle ; vous, ma mère, Eugène, et mes frères et sœurs, tout ce que j'aime est ici.—Comment ! tu ne prends aucun intérêt à un de tes plus constans adorateurs. — Aucun. — Eh bien ! je puis donc lire la lettre que j'ai reçue en arrivant ici.

Lettre de M. de St Firmin à M. le Marquis de Mérigny.

Paris, ce 2 octobre 1787.

Monsieur,

Je viens d'apprendre que M. de Nerval a rompu publiquement son mariage avec ma cousine; ce ne peut être que pour épouser mademoiselle votre fille. Je ne ferai aucune réflexion sur ce procédé. Mais comme il m'est impossible d'être témoin de son bonheur, je pars pour Londres, d'où je ne reviendrai jamais. J'ai donné ma démission. J'abjure une patrie qui a aussi donné naissance à une beauté cruelle et à un ami perfide.

J'ai l'honneur, etc.

Le Chevalier DE ST.-FIRMIN.

J'eus, je l'avoue, quelque mérite en ce moment de ne pas communiquer ses lettres : mais il partait ; et je croyais bien que l'état de ses affaires ne lui donnait guère l'espoir de revenir en France. Pour ne plus reparler de lui, et prouver que Dieu punit tôt ou tard les coupables, je dirai qu'en effet St.-Firmin passa à Londres, où il fit, pendant quelque temps, une figure brillante, mais qu'il ne trouva pas des créanciers si commodes en Angleterre qu'en France. Il fut mis en prison, et y mourut de misère, sans laisser un seul être qui le regrettât.

Ce ne fut pas le seul exemple de la justice divine que les événemens de ma vie me donnèrent. Il y avait un mois que j'étais à Passy toujours plus heureux, toujours plus aimé, et m'enivrant à chaque instant des charmes de Lesbie, lorsque je reçus une lettre d'une assez mauvaise écriture, et qu'il me faut traduire ici pour la rendre intelligible.

Lettre de Julie à M. de Nerval.
Marseille, le 18 octobre 1787.

MONSIEUR,

Vous êtes trop vengé ; ma maîtresse est morte, ainsi que M. de la Rosière. En vous quittant, nous vînmes ici ; nous nous embarquâmes pour Cadix. A la hauteur de Maïorque, une tempête épouvantable brisa nos mâts, déchira nos voiles ; et enfin, nous chassa sur des rescifs assez près du port, où nous fumes engloutis. Le lieutenant de vaisseau, à qui j'avais plu, me sauva la vie. Angélique et son amant périrent ; et on retrouva le lendemain leurs corps morts sur le sable; mais leurs richesses étaient restées dans le fond de la mer. Pour moi je n'avais rien à perdre; aussi malgré ce naufrage, mon lieutenant m'a épousée; mais je n'en suis pas plus heureuse. Il boit, jure et me bat tout le jour. Plaignez-moi, et faites, je vous prie, savoir à M. Théophile que je suis la plus malheureuse femme du monde, et vous obligerez celle qui a l'honneur d'être avec un profond respect,

JULIE, femme MATIS.

Je communiquai cette lettre à mon oncle; et je l'envoyai à Théophile, qui m'en avait écrit une, dans laquelle il me reprochait d'avoir cessé d'aimer madame de Thémines. Il s'embarrassa peu de Julie, et partit peu de jours après pour la Lorraine. Il m'écrivait quelquefois; et ce qu'il me disait de la douleur d'Amélie altérait la félicité que je goûtais dans ma famille.

Enfin, les six mois étaient expirés; et je ne pouvais me défendre de quelque inquiétude, quand je vis arriver Théophile, qui était porteur des intentions de madame de Thémines. Il demanda que la famille s'assemblât; et il me remit une donation en forme de la moitié de la fortune de madame de Thémines; il ajouta qu'il était chargé par elle de me dire qu'elle voufait disputer au moins à Lesbie le plaisir de réparer les torts que la fortune m'avait faits ; qu'elle espérait que madame de Méodas n'en serait pas jalouse, n'étant qu'une faible portion du bonheur que je devrais à ma cousine ; qu'elle priait aussi d'accepter son écrin qui, comme l'on sait, était d'une grande valeur. Quoi ! dit mon oncle, madame de Thémines porte aussi loin la générosité ! Mais elle est jeune encore : qui peut assurer qu'elle ne se remariera pas?—Non, Monsieur, car elle a prononcé ses vœux. Ciel ! m'écriai-je.... ! — Dans le chapitre de Remiremont, ce qui lui reste de ses biens sera plus que suffisant pour vivre même avec magnificence, soit à son chapitre, soit dans ses terres, qu'elle ne compte point quitter de long-temps. Elle ne vous a point écrit; car, m'a-t-elle dit, quelles expressions pourraient rendre le sentiment que je lui conserverai jusqu'au dernier moment de ma vie? Elle m'a chargé de vous dire qu'elle serait vingt ans sans vous revoir; mais qu'après cette époque, elle se flattait qu'elle le pourrait sans trouble comme sans danger.

Quant à moi, dit Théophile, lorsque j'aurai rempli ma mission, qui est de vous voir unis par des nœuds sacrés, je retournerai en Lorraine, et je consacrerai mes jours à la plus intéressante et la plus malheureuse des femmes.

On hésita si on recevrait de si grands dons ; mais Théophile nous répéta tant de fois que si nous ne les acceptions pas, ce serait mettre le comble aux infortunes d'Amélie, que nous consentîmes à suivre les volontés de celle qui me forçait à lui devoir mon bonheur aux dépens du sien. Il fut convenu que, par respect pour ma bienfaitrice, nos noces seraient sans éclat ; mais nous n'en fûmes pas moins heureux.

Théophile partit le lendemain, emportant une lettre de M. de Méodas, que nous crûmes le seul qui eût droit d'écrire à cet ange.

Elle lui fit, quelque temps après, une réponse charmante ; et depuis la correspondance entre elle et lui, ne fut point interrompue. Possesseurs de grandes terres, nous employâmes la première année à les visiter. Dans l'une d'elles, qui était située en Picardie, je fus assez surpris de retrouver Périne, mère de quatre à cinq enfans. Elle me reconnut et vint me saluer. Pour moi, je ne concevais pas comment j'avais pu m'en occuper un instant. Cependant, je crus devoir assurer son bonheur, en donnant à son mari une ferme à bail, et les fonds nécessaires pour la monter.

De retour à Paris, Lesbie me

rendit père, et madame de Thémines fut, par procuration, marraine, avec mon oncle, de mon premier enfant. Chaque jour ajoutait à mon bonheur et à ma tendresse pour Lesbie, qui me donna deux garçons et deux filles qu'elle nourrit. Patrice, qui s'était destiné à la robe, fit un mariage fort riche, et sa femme fut l'amie de la mienne. Retirés tous ensemble à Verneuil, où nous étions adorés, nous ressentîmes à peine les secousses politiques.

Il n'en fut pas de même de madame de Thémines; elle nous causa, pendant du temps, de vives alarmes. Forcée de quitter sa patrie, nous n'eûmes de tranquillité que lorsque nous l'y sûmes rentrée. Elle y retrouva sa fortune presque entière, grâce aux soins et à l'intelligence de Théophile qui était resté en France pour lui rendre cet important service. Enfin, les vingt ans s'écoulèrent, et je crus être en droit de réclamer la promesse que cette incomparable amie m'avait faite; pour la première fois je lui écrivis, et madame de Nerval se joignit à moi. Je lui envoyai ma lettre par mon fils, qu'elle avait nommé; elle le reçut avec une grande tendresse; il me ressemblait beaucoup et avait atteint ce même âge où elle m'avait témoigné tant d'amour. Il sut faire valoir le désir que nous avions tous de la posséder à Verneuil. Elle promit à mon fils de remplir ses vœux. Elle partit en effet avec lui et le bon Théophile qui, malgré ses soixante-dix ans, était encore aimable. Prévenu par mon fils de l'arrivée de celle à qui je devais tout le bonheur de mes jours, nous allâmes au-devant d'elle jusqu'à Grenoble, où j'avais fait meubler et décorer la maison de madame Tardé comme un hôtel. Cette maison était illuminée, et une musique délicieuse se fit entendre, au moment où madame de Thémines mit pied à terre. Je lui présentai ma nombreuse famille. Elle ne pouvait suffire aux témoignages de tendresse qu'elle reçut de tous:

elle passa dans une salle parfaitement décorée, où l'on joua des scènes analogues à notre félicité. Ensuite il y eut un souper pour quatre-vingt personnes des plus considérables de la ville, un feu d'artifice et un bal qui dura jusqu'au jour. Les voitures se trouvèrent prêtes pour nous conduire à Verneuil dont les habitans vinrent complimenter madame de Thémines à plus de deux lieues, et l'amenèrent en triomphe jusque dans les cours du château, où les fêtes se succédèrent pendant huit jours.

Enfin, les étrangers nous laissèrent jouir en paix de notre bonheur, qu'aucune expression ne peut peindre, et qui ne peut être apprécié que par des amis dignes de le partager. Voilà cinq ans que nous sommes réunis, et ces cinq années se sont écoulées sans le plus léger nuage. Amélie reçoit le prix de ses sacrifices, par l'amour et la vénération que nous avons tous pour elle, et son cœur y répond par le plus tendre retour.

FIN DU QUATRIÈME ET DERNIER VOLUME.

IMPRIMERIE D'A. ÉGRON.

www.ingramcontent.com/pod-product-compliance
Lightning Source LLC
Chambersburg PA
CBHW071951160426
43198CB00011B/1632